MANUAL DE VELAS JAPONESAS

Trading y bolsa

por

Isabel Nogales

MANUAL DE VELAS JAPONESAS

TRADING Y BOLSA

Isabel Nogales

"MANUAL DE VELAS JAPONESAS " Trading y Bolsa está comercializado tanto en versión impresa como digital. Lo encontrará en grandes librerías internacionales y canales expandidos de distribución. Si deseas más información sobre el tema puedes encontrarla en la web monográfica de FOREX www.forexlalcancedetodos.com o en la web oficial de la autora www.isabelnogales.net

3

MANUAL DE VELAS JAPONESAS

Trading y bolsa

Por Isabel Nogales

Segunda edición (ampliada) 2017

FOREX
AL ALCANCE DE TODOS

www.forexalalcancedetodos.com

Portal líder en formación de traders profesionales

Editado por:

Forex al alcance de todos .Autoedición.

Correo electrónico: comercialforex@gmail.com

Internet www.forexalalacancedetodos.com

Web de autor www.isabelnogales.net

Autoedición: Autores

Como siempre a mis seres queridos, que entendieron que precisaba tiempo y espacio para que esta obra viera la luz y pudiera ser elaborada, maquetada, editada y publicada…

Gracias por entender que tambíén se crece cuando se invierte tiempo de uno mismo para ayudar a otros en su camino.

Gracias por vuestro apoyo y vuestra paciencia.

También deseo hacer mención a mis amigos y grupo de soporte y seguidores. Gracias por estar siempre ahí y hacer que el esfuerzo de escribir este libro merezca la pena.

Siempre resulta difícil agradecer públicamente a aquellas personas que han colaborado con un proceso, con una creación, con un éxito, por cuanto nunca alcanza el tiempo, el papel o la memoria para mencionar y dar, con justicia, todos los créditos y méritos a quienes se lo merecen

Partiendo de esa limitación y diciendo de antemano MUCHAS GRACIAS a todas las personas que de una u otra forma han participado en este libro

Inequívocamente cualquier persona puede aprender a ganar dinero con el Trading utilizando las reglas adecuadas, no obstante la base de nuestro trading comienza con el aprendizaje del lenguaje de las velas que componen nuestros gráficos, ya que esto es la base que sustenta todo lo demás.

Isabel Nogales[i]

Acerca de la autora

ISABEL NOGALES

Isabel Nogales comenzó su andadura como asesor financiero a través de un portal de inversión especializado en temas de economía, mercados financieros, oportunidades de inversión y productos bancarios.

Su primer contacto con el mercado de divisas, más conocido por el acrónimo FOREX (Foreign Exchange Market) resultó tomando participación en un conocido fondo de inversión malogrado que agrupaba los pequeños ahorros de multitud de personas en un fondo colectivo con el fin de generar el volumen de una gran cuenta que les permitiera especular con ciertas garantías en el mercado de capitales, obteniendo increíbles rentabilidades mes tras mes....que por supuesto revertían en los inversores.

Este fondo resultó ser un auténtico fraude bien orquestado en base a un sistema que seguía un esquema de tipo Ponzi[1] unido a una distribución

---

[1] El esquema epónimo fue orquestado por Carlo Ponzi, quien en 1920 pasó del anonimato a ser un notable millonario de Boston en seis meses valiéndose de esta trama. Se suponía que los ingresos provenían del intercambio de Cupones de respuesta internacional. El prometía el 50% de interés

comercializadora piramidal, estafa que consiste en un proceso en el que las ganancias que obtienen los primeros inversionistas son generadas gracias al dinero aportado por ellos mismos o por otros nuevos inversores que caen engañados por las promesas de obtener, en algunos casos, grandes beneficios. El sistema funciona solamente si crece la cantidad de nuevas víctimas. El crecimiento debe mantenerse de forma exponencial para que el sistema no se colapse.

A pesar de tan mala fortuna, este despropósito le permitió conocer un mercado de inversión, que ahora goza de gran popularidad: el FOREX, o "Spot" en el argot profesional., disciplina que poco a poco se convertiría en su pasión, su desarrollo profesional y su modo de vida.

Tras dicho aprendizaje a base de más de un error que bien le costó un descalabro económico, tomó la sabia decisión de no poner en manos de terceros su dinero y responsabilizarse del mismo, aprendiendo de sus propios errores y capacitándose profundamente en la labor de convertirse en trader profesional, labor que continua realizando hasta el día de hoy.

Trayectoria en el mercado de capitales:

- 2007 -Promotora independiente en el sector de capital de riesgo y patrimonio privado a través de fondos colectivos en empresas offshore.
- 2008-2011 Gestión y dirección de comercialforex, portal que agrupa recursos educativos en finanzas, mercados financieros, productos bancarios y economía domestica.
- 2009 -I.B.(Introducing Bróker) asociado con corredoras bursátiles y Agente Intermediario en instrumentos bancarios en Programas de Alto Rendimiento PPP.
- 2011 Maestría Postgrado en Gestión Financiera y Bolsa. EFEM.
- 2012 Dirección y producción programas de radio: "Hablemos de FOREX" y "Educación financiera para Gente corriente".

(retorno) en inversiones de 45 días o "duplica tu dinero" en 90 días. Alrededor de 40,000 personas invirtieron cerca de 15 millones de dólares en total; al final, sólo un tercio de ese dinero les fue regresado.

- Desde 2012:
- Optimización y con Expert Advisors y Operativa basado en estrategias de inversión como Scalper asiático, Apertura de los principales mercados, Rotura de canales, operativa con MACD histograma y convergencias-divergencias.
- Gestión cuentas en opciones binarias.
- Day-trader FOREX retail de sistemas basados en acción del precio, volúmenes, correlaciones, divergencias y convergencias, indicadores.

Estudios académicos:

- Máster Gestión Financiera y Bolsa EFEM.
- Curso avanzado profesional FOREX por J.G.
- Grado de Psicología U.N.E.D
- D.U.E. por Universidad Complutense de Madrid

Webs y Blogs:

Web de autor www.isabelnogales.net
Web de forex www.comercialforex.com.es
Blog http://www.forexalalcancedetodos.com
Blog http://comohacersericoya1.blogspot.com.es

Recientemente comprometida a la labor de facilitar el aprendizaje acerca del apasionante mundo del FOREX a aquellos que deseen seguir el mismo camino que ella emprendió hace ya más de siete años. Compromiso que nace con la publicación de su trabajo "FOREX al alcance de todos" en 2014 y continuará a través de su web www.forexalalcancedotodos.com y siguientes títulos.

Publicaciones en Economía e inversiones:

- **"Como hacerse Rico ¡¡YA!!".** 1ª Edición 2011.2ª Edición 2014. 3º Edición 2015. Serie Educación Financiera para Gente Corriente.

- **"FOREX para principiantes"-** Educativo. Finanzas 1ª Edición 2015

- **"FOREX al alcance de Todos"- Volumen I. Descubra como usted también puede ¡¡Ganar hasta un 400% anual!!**Educativo. Finanzas 1ª Edición 2015

- **"FOREX al alcance de Todos"- Volumen II. Conviértete en un magnifico ANALISTA TÉCNICO de los mercados.** Educativo. Finanzas 1ª Edición 2015

- **FOREX al alcance de Todos"- Volumen III. Desarrolla tu habilidad y Destreza como TRADER.** Educativo. Finanzas 1ª Edición 2015

- **"TODO SOBRE FOREX: Teoría y Práctica"** Compendio. Título perteneciente a la serie "FOREX al alcance de todos". Educativo. Sector Economía, finanzas e inversión 1ª Edición 2015.

- **"Análisis Técnico de los Mercados"** Educativo. Sector Economía, finanzas e inversión 1ª Edición 2015.

- **Manual práctico de FOREX** Práctica, test y y ejercicios resueltos. Finanzas 1ª Edición 2015

Próximos títulos:

- **"Estrategias rentables de FOREX"-** Educativo. Finanzas e inversión 1ª Edición 2015

- **Manuales del preparación del CFTe® nivel I** Temario completo preparación para examen de certificación de Analista Técnico Financiero de la IFTA .Educativo. Sector Economía, finanzas e inversión 1ª Edición 2015.

- **Manuales del preparación del CFTe® nivel II** Temario completo preparación para examen de certificación de Analista Técnico Financiero de la IFTA .Educativo. Sector Economía, finanzas e inversión 1ª Edición 2015.

NOTA DE LA AUTORA

Aprecio realmente que estes leyendo mi libro!! y realmente me interesa tu opinion . Si te ha gustado el contenido de este libro te agradeceria que añadieras una referencia positiva en el sitio donde lo compraste. Ello puede ayudar a otros lectores como tu cuando se acerquen a este libro por primera vez.

También puedes dejar tu opinion en mi blog .http://forexalalcancedetodos.blogspot.com.es/

GRACIAS

Con el fin que puedas continuar con tu aprendizaje en FOREX te facilito mis coordenadas de redes SOCIALES:

Añádeme Facebook:
https://www.facebook.com/profile.php?id=100008537763583

Sígueme en Twitter:

https://twitter.com/dominename

Página de autor en Amazon para conocer otros títulos:
http://amazon.com/author/isabelnogales

mi Smashwords author page:
https://www.smashwords.com/profile/view/comercialforex

Subscríbete a mi blog

http://forexalalcancedetodos.blogspot.com.es

LinkedIn:

https://es.linkedin.com/in/isabelnogalesfreelance

Visita my website:

http://comercialforex.com.es

Por último no olvides visitar tu distribuidor de libros favorito para descubrir otros titulos de Isabel Nogales que también te pueden interesar en este camino al EXITO FINANCIERO

En los orígenes del proyecto de elaboración de este libro se encontraba la intención de crear un único manual extenso y completo de trading en cualquier tipo de mercado financiero - sustentado en un base gráfica la hora de presentar los resultados de sus transacciones- en base a la acción del precio.

En definitiva, el más completo sistema de aprendizaje en el lenguaje del precio junto con el uso de las velas japonesas que permitiera la capacitación del trader desde los orígenes hasta el nivel profesionalizado.

Lamentablemente el campo a desarrollar con tal fin resulta tan extenso que me he visto obligada a tener que diseccionar la obra en varios volúmenes antes que tener que tomar la decisión de recortar el conocimiento que en él he vertido.

El resultado es un serie de volúmenes entre los que se encuentran:

> **"MANUAL DE VELAS JAPONESAS:** Trading y Bolsa"
> **"MANUAL DE ANÁLISIS TÉCNICO DE LOS MERCADOS"**
> **"PRICE ACTION:** El Lenguaje de los Mercados Financieros".

De los cuales espero que disfrutes.

Un consejo más antes de empezar:

Dedica el tiempo necesario a la formación en el "Lenguaje del Precio", es decir a aprender todo acerca de su estructura, armonía, ritmo, timing bajo el que se mueve, ya que en el trading éste es su código base sobre el que se sustenta todo lo demás que se construye, su nervio y su carácter y especialmente porque su conocimiento te facilita valiosa información sobre las intenciones de hacia donde se dirige el Mercado.

El lenguaje que las velas japonesas en interacción con el lenguaje del precio te dará las claves para ´conseguir el éxito como trader, de forma duradera y persistente.

Los indicadores y otras herramientas al fin y al cabo no dejan de ser más que herramientas sintéticas de moda que disfrazan lo que realmente es importante: lo que el propio precio dice en su formación a través de los gráficos

Ten en cuenta que estás forjando tus cimientos, no tengas prisa por operar y primeramente observa con detalle este manual, apréndelo ,ya que conforman tus cimientos en el apasionante mundo del trading y te facilitarán una base sólida sobre la que tomar decisiones acertadas a la hora de operar en los mercados.

Formarse es fundamental antes de invertir.

Te ayuda a tener una visión global y a comprender mejor el funcionamiento de los mercados. Evita cometer los típicos errores al empezar a invertir. Y lo más importante de todo esto, es que te puede ahorrar mucho dinero.

Isabel Nogales

Y no olvides

¡¡ Diviértete mientras aprendes!!

¿Estás preparado?

¡¡Perfecto!!

Empezamos ya con

Manual de Velas Japonesas

Índice de Contenidos

Capítulo 1

Le llaman suerte, pero es constancia. Le llaman casualidad, pero es disciplina. Le llaman genética, pero es sacrificio. Ellos hablan, tú entrena.

"Para mejorar trading deberás practicar con asiduidad y disciplina, ya sea en simulado o real. Ello contribuirá también a que adquieras confianza en tu sistema, lo cual redundará en una mejora sustantiva de tu rentabilidad a medio y largo plazo."

Isabel   Nogales,   2013

➢ **Sistemas, patrones y gráficos**

Patrones

Al patrón se conoce como el estudio de las fluctuaciones de mercado.

El gráfico de fluctuaciones y el análisis técnico que empleamos para su estudio le proporciona al inversionista información sobre la amplitud y duración estimada del movimiento de la moneda. Por tanto, tiempo y precio están correlacionados al patrón.

El análisis del elemento precio en la teoría del patrón, precio y tiempo involucra objetivos de precios en los gráficos, con ángulos y puntos de retroceso medidos en pips.

Necesitamos determinar dónde comenzar los ángulos, donde ubicar "suelos" y "techos" de las fluctuaciones y dónde encontrar los pips de retroceso o pullbacks. Hecho esto, podemos predecir techos y los suelos en el futuro, llamados los puntos de equilibrio de precio.

Los principales elementos de todos los patrones de los gráficos deben mostrar:

- La tendencia dominante: se trata de la "vieja" tendencia que el par de divisas ha estado mostrando antes de entrar en consolidación y formar el patrón de precios. Los patrones de cambio de tendencia tienen que tener algo que invertir, y los patrones de continuación tienen que tener un movimiento previo indicativo del movimiento de los precios.

- El rango de consolidación: este es el propio patrón según la definición de los niveles de soporte y resistencia que lo limitan.

- El punto de rotura: se trata evidentemente del punto en el que el par de divisas rompe y sale del rango de consolidación.

- <u>La nueva tendencia</u>: esta es la tendencia que se establece en el par de divisas una vez que está fuera de los límites del patrón. Puede ser en la misma dirección que la tendencia predominante o en la dirección opuesta.

Gráficos:

El instrumento más utilizado en el análisis técnico de los mercados de valores son los gráficos. En ellos se representa gráficamente la evolución de los precios de determinados valores del mercado.

La idea que subyace detrás del análisis mediante gráficos es que determinadas pautas de comportamiento de los precios son repetitivas, es decir, se pueden extrapolar al futuro, por tanto el grafismo facilita ,con el estudio de la evolución histórica de los precios la interpretación de lo que harán con mayor probabilidad los precios futuros.

El eje vertical representa los precios de los instrumentos (valores, forex, futuro, CFDs...) el eje horizontal nos muestra el factor tiempo (time frame) elegido para ver el comportamiento del precio.

En este libro hablaremos del gráfico de velas o candelas japonesas, sus patrones y lo que debemos interpretar e inducir de cada uno de ellos y en su conjunto.

Profundicemos

El gráfico de velas fue un tipo de gráfico desarrollado en el siglo XVIII, inicialmente para medir y graficar precios en el mercado del arroz y que a posteriori con el desarrollo de contenidos sobre su utilidad se llevó a la práctica en el comercio mundial tradicional y finalmente al comercio electrónico.

Más adelante profundizaremos un poco más para conocer el origen del uso de una herramienta como las velas japonesas en los Mercados Financieros, pero ahora hablaremos sobre su particularidad reside en la variedad de información que da:

- Por una parte funciona como línea de precios y muestra una tendencia.

- Por otra, la forma de cada vela, así como los patrones formados por varias de ellas, dan información sobre otros aspectos, como una posible inversión de dirección, la fuerza de la tendencia, etc.

Los patrones formados por este tipo de vela llamada japonesa en honor a su origen últimamente han tomado una gran popularidad en los analistas técnicos occidentales.

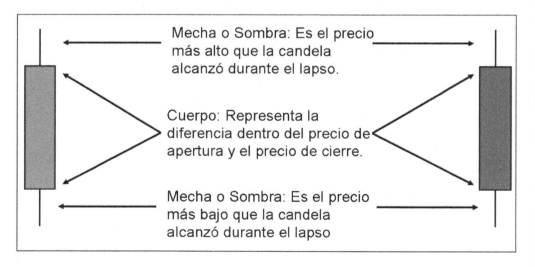

El gráfico de velas japonés contiene los mismos cuatro precios del común gráfico de barras: precio de apertura, precio máximo, precio mínimo y precio de cierre.

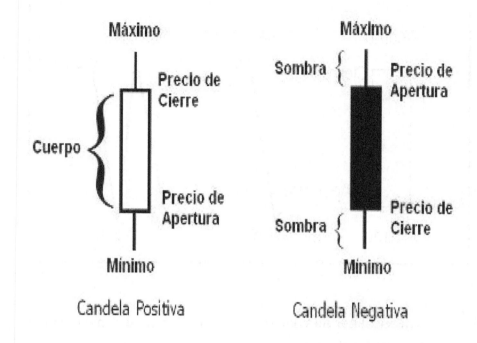

En los gráficos de vela una línea vertical muestra los precios máximos y mínimos (como una barra), esa línea se llama "mecha", mientras que la diferencia entre los precios de apertura y cierre son medidos por una barra más ancha llamada "cuerpo" o "vela".

El objetivo principal de de los patrones de candelas es el lograr identificar posibles retracciones del mercado o algunos otros patrones de precio ANTES de que sucedan. O al menos lo más cercano posible al momento del evento

Un inconveniente de las velas japonesas es no reflejan la sucesión de eventos ocurridos durante la sesión de trading que representan. Por ejemplo, no podemos saber viendo una vela japonesa si primero se alcanzó el máximo o el mínimo, es decir, no nos informan de la secuencia máximo-mínimo en la ilustración siguiente se observa como dos secuencias distintas de la sesión de trading pueden producir el mismo tipo de vela.

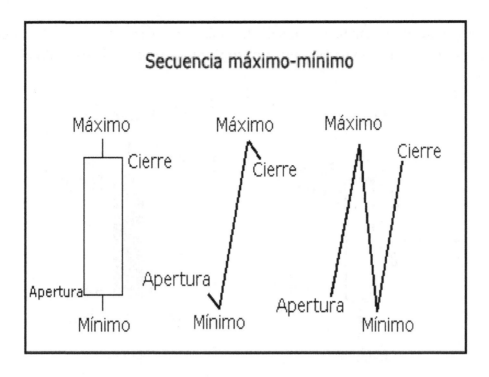

Es muy habitual encontrar un código de color (más por su popularidad que por estandarización), así pues:

- ❖ Si el precio de cierre es mayor que el precio de apertura el "cuerpo" será de color verde o blanco.

- ❖ Al contrario, si el precio de cierre es menor que el de apertura el color del "cuerpo" será rojo o negro.

Tomemos por ejemplo la penúltima vela del gráfico que te expongo a continuación:

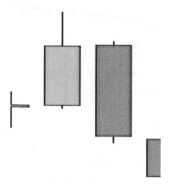

En este caso el color rojo nos indica que el precio de cierre fue menor al precio de apertura. Como por encima del cuerpo de la vela no vemos apenas mecha, el precio de apertura fue prácticamente el máximo. Pero como debajo del precio de cierre sí hay una línea vertical, el precio de cierre no fue el mínimo, sino ligeramente superior.

La gran ventaja de las velas es que podemos sacar información muy valiosa de sus formaciones conjuntas e individuales, colores y distribución en el gráfico que nos permitan tomar decisiones a la hora de operar en el mercado.

También extraemos información valiosa teniendo en cuenta el punto concreto del gráfico donde ser forman los patrones y en relación con el ciclo del precio, dado que cuando aunamos toda esa información el patrón de velas nos dé un gatillo perfecto de entrada o salida con una alta probabilidad de acierto.

Así:

1- Los colores nos permiten interpretar rápidamente los movimientos del mercado:

    a. Al alza o la baja.

b. Nos muestran dónde se ubicaron los máximos y los mínimos en relación a los precios de apertura y de cierre.

2- Los tipos de velas indican, por ejemplo:

a. - Un cuerpo verde y grande indica que hay una presión compradora (Bull).

b. - Un cuerpo rojo y grande indica presión vendedora (Bear).

c. – Un cuerpo pequeño indica que no hay una tendencia definida o podemos estar ante un cambio de tendencia.

3- Las sobras o mechas nos indican:

a. Si la sombra superior es muy larga, esto no dice que el mercado rechazó precios más elevados.

b. Si la sobra inferior es muy larga, el mercado testeó o rechazó precios bajos.

c. Si no hay sombras el precio de cierre o de apertura coincidieron con los mínimos o máximos para ese periodo.

d. Si hay acumulo de sombras superiores en un grupo de velas cercanas a una resistencia, implica que existe dificultad en el mercado para seguir subiendo la cotización y es probable que exista una corrección a la baja.

e. Si hay acumulo de sombras inferiores en un grupo de velas cercanas a un soporte, implica que existe dificultad en el mercado para seguir bajando la cotización y es probable que exista una corrección al alza.

Así mismo también podemos extraer información de las formaciones de las velas conjuntamente, de sus pendientes, directrices y otros valores, por todo lo cual son muy populares y utilizadas.

Importancia especial tiene el tipo de graficado

Los gráficos pueden construirse sobre escalas aritméticas (lineales) como logarítmicas (o semi-logarítmicas).

En la escala aritmética, los precios verticales, se muestran a una distancia equidistante (misma distancia) entre cada unidad, es decir, la distancia entre 5 a 6 como 10 a 11 es la misma, es decir: 1.

Los gráficos lineales permiten ver con facilidad cambios en la tendencia, pero no cambios en la aceleración. Son útiles cuando los precios no varían mucho, por ejemplo en períodos de tiempo cortos.

Mientras que en la escala logarítmica o semilogarítmica no ocurre lo mismo.

En la escala logarítmica los precios muestran distancias similares a medida que la razón de crecimiento se mantiene constante, a modo de ejemplo, de 5 a 6 hay un crecimiento de 20%, del mismo modo que de 10 a 12; por lo tanto habría la misma distancia. Sin embargo de 5 a 10 hay un crecimiento mayor y por tanto la escala logarítmica sería distinta que entre 5 y 6.

La diferencia entre un gráfico lineal y otro logarítmico es que, mientras el primero solo tiene en cuenta las variaciones absolutas, el segundo tiene en cuenta las variaciones relativas.

Los gráficos semi-logarítmicos son más útiles cuando los precios varían considerablemente, ya sea en el largo plazo como en el corto plazo, ya que permiten visualizar todo el gráfico dentro del periodo (aunque haya que cambiar las escalas de lineal a logarítmica con el fin de permitir su inclusión gráfica en el sistema y poder visualizar todo el periodo).

Si los precios de un par de divisas crecen a una tasa constante, un gráfico con escala aritmética nos mostrará cada vez mayor pendiente en la tendencia, mientras que un gráfico logarítmico nos mostrará una pendiente constante.

Si los cambios en el precio de un cruce de divisas son cada vez menores, pero no cambia la tendencia, en un gráfico linear tendremos dificultad para observar este comportamiento, dado que la pendiente de la tendencia puede seguir siendo cada vez mas empinada, mientras que un gráfico logarítmico nos mostrará una pendiente cada vez menor, indicándonos con claridad que la tasa de crecimiento del precio es cada vez menor.

La siguiente figura muestra la diferencia entre las escalas:

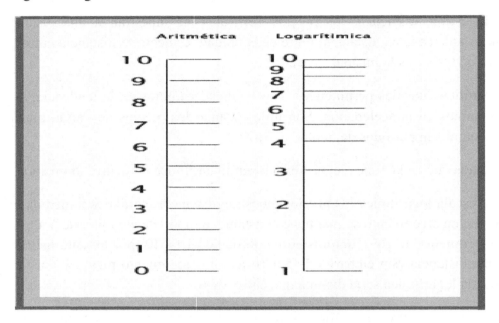

La gran mayoría de las personas usan las escalas aritméticas, es más, muchos analistas técnicos no conocen lo que es una escala logarítmica. Sin embargo, los operadores profesionales emplean constantemente las escalas logarítmicas, sobre todo en análisis de largo plazo (meses y años) donde si no fueran utilizadas no podrían ver en una única ventana del monitor las fluctuaciones de los precios para periodos tan extensos (si estuvieran en una escala aritmética algunos valores estarían tan alejados entre sí que se saldrían de la pantalla).

Veamos un ejemplo de la cotización de un mismo activo graficado tanto en escala lineal como en escala logarítmica, Aquí queda patente como utilizando la escala logarítmica tendremos acceso a datos y variaciones porcentuales que en la escala lineal no se reflejarían, por tanto la escala que nos dará entonces una información más ajustada y, por tanto, menos distorsionada, será la escala logarítmica.

GRÁFICO CON ESCALA LINEAL

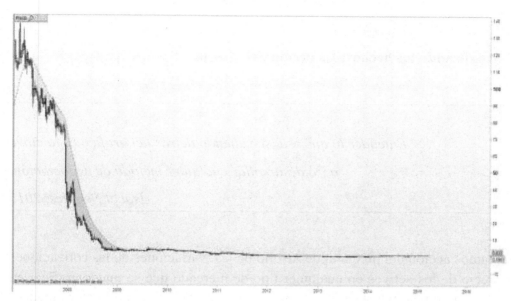

MISMO GRÁFICO Y PERIODO CON ESCALA LOGARÍTMICA

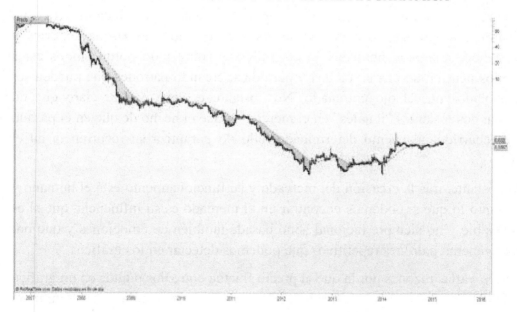

1.5- Analizando los hechos: La acción del precio

Entender lo que está sucediendo detrás del gráfico es la clave

para desarrollar cualquier método de negociación.

Isabel Nogales, 2012

Llamamos acción del precio al desarrollo de las variaciones de las cotizaciones del precio de los activos en cualquier tipo de mercado que se pueda graficar en base el tiempo y la fuerza de la cotización en un espacio temporal determinado.

Estas variaciones en los precios dependen de muchos y variados factores, sin embargo hay una serie de ellos que cobran especial relevancia a la hora de comprender por qué los precios se comportan de una determinada manera y no de otra, por que suben, bajan o se detienen creando zonas de soportes y resistencias que son dibujadas en el grafico, y sobre todo porque todos estos eventos ocurren de forma cíclica y periódica, creando patrones que pueden ser reconocidos por el ojo entrenado. No obstante te debe quedar claro que no existen dos instantes "iguales" en el mercado y que el hecho de que en el pasado haya ocurrido un evento determinado, ello no garantiza su recurrencia en el futuro.

No obstante, tras la creación del mercado y su funcionamiento está el humano y por tanto lo que si podemos encontrar en el mercado es su influencia, que si es predecible y no siempre racional ,sino basada también en emociones y que por tanto generan patrones repetitivos que podemos detectar en los gráficos .

Existen varias razones por la que el precio fluctúa entre dos puntos en un gráfico de FOREX y por qué su graficado se observa como una subida hasta un nivel máximo para luego descender y volver a repetir la operación desde el primer punto, una y otra vez a lo largo del tiempo cíclicamente con ligeras correcciones, expansiones y retrocesos. fallas y trampas, quiebres de soportes o resistencias, pullbacks, y todas las figuras chartistas que conocemos.

Todos estos movimientos que se reflejan en la gráfica del precio, pueden parecer producto del caos al ojo del operador poco entrenado, no obstante aunque quizás no puedas verlo, en el desarrollo de los gráficos ellos podemos encontrar un orden y un sentido, unos ángulos en los que trabaja el mercado, una línea directriz y sobre todo aunque no tenga un efecto gráfico: una causa y efecto a todo lo que ocurre en el mercado

 Para poder entenderlos deberás aprender a analizar el mercado, distinguir y leer en los gráficos la valiosa información que transmite aunque esta dependa de de factores que no se ven en los gráficos, peo que estan descontados en el precio, ya que:

En los gráficos es tan importante lo que se ve como lo que no se ve.

Isabel Nogales, 2012

Asi puedes observar en el mercado la formación de los siguientes ciclos repetitivos:

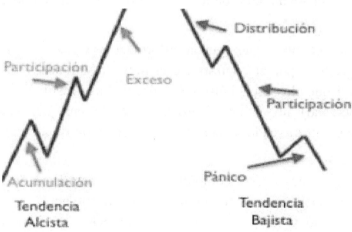

Los ciclos formados en la acción del precio se deben principalmente a dos

factores fundamentales:

1- La especulación financiera de los especialistas (Smart Money o MANOS FUERTES DEL MERCADO) comprando barato y vendiendo caro una y otra vez en torno al activo financiero (en el caso de Forex, las divisas) Esta forma de intervenir en los mercados queda patente en los gráficos a través de la acción de compra o venta encubierta del activo en las fases de acumulación y distribución respectivamente. Esta operatividad es totalmente racional y radica simplemente en "comprar barato y vender caro" así como en comprar cuando "el instinto de la manada asustada" vende y vender cuando "el instinto de la euforia de la manada" compra.

2- La forma de operar del resto (MANOS DÉBILES) .Aunque yo más bien diría desinformadas o manipuladas…que actúan bajo "El efecto del instinto de manada " producido por la acción de las masas en los mercados y los componentes psicológicos y poco racionales que implica su forma de operar al entrar en los mercados y que quedan a merced de las manos fuertes.

Intentaré explicarte con palabras sencillas en que consiste la base fundamental del concepto de funcionamiento de los mercados, que en realidad es algo muy simple.

El problema es que no existe mucha información veraz en los medios al respecto. La que hay, por el contrario, esta muy desvirtuada y distorsionada. Ello es debido a que los especialistas y especuladores institucionales (manos fuertes del mercado) no tienen ningun interés en que realmente nos informemos, pues el mercado se creó para especulación de los grandes, no de los intrusos.

Con el fin de que nos cueste comprenderlo nos mantienen desinformados, manipulados para que actuemos con el instinto de un solo ente en acción, como manada , al unísono y todos en una misma dirección, y siempre de forma previsible, ya que así seremos fácilmente manejables, y nos convertiremos en dinero fácil en manos de los depredadores del mercado. Que no son otros que los especialistas -que por cierto tienen acceso a recursos que nosotros como operadores al detalle no podemos tener tales como libro de flujo de órdenes, data de volumen en tiempo real , etc- así lo tendrán más fácil para especular con nuestras posiciones dentro del mercado y por tanto beneficiarse con ellas.

La ignorancia evitará que podamos defendernos del abuso que supone el verdadero motivo de la creación de los mercados: la especulación de los poderosos, cuyo fin no es otro que la transferencia de riqueza desde las manos más desfavorecidas a las manos fuertes.

Así pues con tal de que tengamos una idea preconcebida de los mercados, los propios creadores nos entretienen, nos crean una serie de normas y reglas básicas del juego que ellos se saltan a voluntad y que nos hacen perder el foco de atención. Facilitándonos todo tipo de estrategias con reglas inflexibles que no se ajustan a la variabilidad del mercado y por tanto no siempre son aplicables.

Desvirtúan la esencia del mercado enmascarándolo .De hecho hasta la propia industria nos ofrecen un sin fin de indicadores sintéticos y herramientas frecuentemente inútiles para que actuemos solo por un cambio de color o de parámetro y así no nos preocupemos en descifrar la realidad de un mercado, que en definitiva es bien simple, (lo cual no significa que su aprendizaje sea fácil, pues requiere disciplina y atención y sobre todo un cambio de paradigma a la hora de realizar tus trades y entender el mercado, que en ocasiones es tremendamente difícil de asimilar)

En realidad el mercado esta hecho para la especulación, por especialistas y para especialistas, en el que nosotros, en realidad no somos más que intrusos y por tanto la única manera de no perecer en los mercados y ser devorados a manos de ellos, es llevar una buena gestión monetaria y de riesgo en las operaciones e intentar descifrar las huellas que van dejando las manos fuertes en su operativa con el fin de seguirlas y así operar en la misma dirección de los grandes tiburones del mercado y no en su contra.

Esto que es tan simple, y que es la clave del éxito y la consistencia en los mercados financieros, es una información valiosa que en la mayoría de las ocasiones, nos resulta tremendamente complicado de asimilar hasta que el mercado nos ha vapuleado y vaciado las cuentas al menos un par de veces, si no en más ocasiones …

Así pues si consigues asimilar bien esto habrás desarrollado no sólo una pensamiento crítico y divergente respecto al de la masa multitud que se acercan al mercado, sino que además tendrás en tus manos un conocimiento valioso que te hará ver el mercado de forma diferente como hasta ahora y aprenderás a operar de una manera inteligente y racional dentro de él y sobre … del lado de los ganadores. Este paradigma es el que en realidad te hará conseguir la consistencia en los mercados.

Ahora expliquemos por que los precios fluctúan:

En una tendencia alcista, por ejemplo, la demanda no es la única causa de las subidas, peo si una de las razones más relevantes. No obstante para que los precios suban debe existir n desequilibrio entre la oferta y la demanda,

Asi los vendedores(oferta) tienen que absorber esa demanda (compradores) y aún continuar habiendo demanda de forma que exista un desequilibrio a favor de los compradores en el volumen de las transacciones que hace mover los precios hacia arriba y subir las cotizaciones y los precios irán en ascenso, y se irán casando las ordenes al mercado a valores cotizados cada vez mayores, ya que el comprador considera que aun a pesar de la subida, el precio continua siendo interesante y por tanto continuará activando su órdenes de compra aun a precios superiores, hasta llegar a un nivel en el que ya no le resulte interesante.

En el gráfico: las velas se irán formando como alcistas principalmente y la tendencia será al alza, aún con ligeras correcciones del precio .

Con esto quiero decir que en el mercado siempre hay una contrapartida para cada posición, es por eso que las dos fuerzas están siempre presentes, pero representan intenciones opuestas:

1. Compradores (llamados "toros" en el argot bursátil por la analogía con el embestida del toro alzando la testuz y cornamenta desde abajo hacia arriba .También se dice que van Largos (BUY)

❖ Y los Vendedores (también llamados "osos" por la analogía con el zarpazo del oso de arriba a abajo. En el argot se dice que van cortos (SELL)

Escultura del Toro de Wall Street en el distrito financiero de Nueva York

Tras el ascenso de los precios del activo, o en algún punto intermedio, cuando ambas intenciones DEMANDA (compra) y OFERTA (venta) estan equilibradas, o bien cuando existe una falta de liquidez en el mercado, se producen en las graficas lo que llamamos consolidaciones o rangos horizontales , en los que durante un tiempo los precios se mantiene contraídos entre dos puntos entre los que fluctúan, tal como si fuera un pulso, hasta que nuevamente se lleva la mano aquel cuyo mayor volumen alcista o bajista inicie un nuevo tramo de la tendencia anterior o bien formando una mueva tendencia...

Cuando se observa en las gráficas una zona en la que los precios se resisten a seguir subiendo, (bien sea formando una extructura de consolidación o bien un rango de precios rayando la horizontalidad)se dice que hay indecisión en el sentimiento del inversor respecto al mercado. Esto puede ser debido a que:

-O bien ya los compradores no consideran un precio atractivo y dejan de emitir órdenes de compra suficientes para mantener ese crecimiento de la tendencia

-O bien las manos fuertes han considerado que el mercado ya no va a más, testean si existen más compradores interesados y, en caso de que no haya un volumen suficiente de ellos, comienzan a soltar posiciones en forma de un volumen de ventas importante, (hay que tener en cuenta que las posiciones que compraron las manos fuertes al inicio del ciclo a un precio muy bajo ya habían sido distribuidas entre los compradores interesados , discretamente, eso si, para no levantar la sospecha ante la debilidad de un mercado que en breve va a caer por falta de volumen comprador atrapando a todos aquellos que compraron en el rally alcista de la última etapa del ciclo) Una vez iniciado el volumen de ventas por parte de las manos fuertes, y en falta de compradores, no queda otra que los precios desciendan, entrando así en una nueva tendencia bajista (o como mínimo de corrección del precio con cotizaciones a la baja).

Así los incautos (inversores desinformados y sin recursos técnicos que creían que seguirían subiendo los precios) normalmente quedan atrapados en precios altos por haber entrado en compra en la última fase de la tendencia justo antes de su agotamiento.

Esto queda reflejado normalmente en la grafica en forma de trampa, tal como ilustra la imagen y ofrece una zona de alta probabilidad para el trader experimentado.

mecha que penetra por debajo del mínimo anterior

El cambio en la tendencia rompe todos los esquemas del inversor alcista (que tiene operaciones de compra en su poder) .al traspasar el precio los soportes anteriores, entonces se comienza a crear en el sentimiento de la multitud de que ha cambiado la tendencia, ahora bajista y tímidamente al principio(con la esperanza de que los precios vuelvan a subir) y de manera masiva al final (ante el pánico de que no lo hizo) comenzarán a vender sus posiciones poniendo nuevamente el dinero en manos de los especialistas que en breve comenzaran un nuevo ciclo alcista, cuando apenas quedarán más vendedores, tras la acumulación de posiciones de compra , ejerciendo un nuevo impulso alcista : Así el ciclo del precio vuelve a repetirse.

Lo más habitual es que se vaya agotando las tendencias por falta de volumen de ordenes de tipo alcista (o bajista) suficiente para mantener ese crecimiento de precios(o disminución de los precios en el caso de la tendencia bajista) para cambiar de rumbo o bien se ralentizan, formando una especie de rangos que son zonas en las que existen fluctuaciones de los precios entre dos puntos de un canal equidistante (lo veremos más adelante)

No hay más compradores en esta zona de precios. Las razones por las cuáles se agota la demanda pueden ser varias, pero la cotización muestra que ese precio ya no era atractivo para la demanda.

Cuando se forman rangos suele indicar que la oferta y la demanda estan equilibradas, como puedes observar en la ilustración. Se saldrá del rango cuando exista un desequilibrio entre ellas y que determine la balanza a favor de los compradores o de los vendedores.

LÍNEA ROJA RESISTENCIA

LÍNEA VERDE SOPORTE

Cuando hay mas exceso de demanda que de oferta finalmente los precios acaban cotizándose (comprándose) cada vez más alto, es por eso que suben las cotizaciones y con ello las graficas se convierten en tendencias ascendentes. Esto es similar a lo que se produce en las inmobiliarias cuando hay exceso de demanda de pisos y la oferta es finita, Las inmobiliarias sabiendo que hay demanda pueden hacer una oferta por precios superiores y ante la gran demanda lo más probable es que se acaben comprando (y las inmobiliarias vendiendo, claro)

Cuando los compradores consideren que el precio del activo es lo suficientemente alto como para seguir comprando simplemente disminuirá el volumen de demanda de activos y entonces habrá menos volumen de compra, Así la tendencia se irá agotando y la directriz del precio ira decelerando. Llegara un momento que la grafica se observará cierto ángulo de horizontalidad respecto a su directriz o con la típica forma de champiñón o de sopera que indica el fin de una tendencia alcista o bajista respectivamente,(te puede ayudar para verlo más fácilmente una media móvil de 200 periodos). En este punto los especialistas o manos fuertes estarán interesados en que aún creas que continuará la subida de precios, a fin de intentar deshacerse de todas las órdenes de compra que tengan en su poder antes de dejar caer los pecios (es decir ellos te venderán sus posiciones),

Con el tiempo no habiendo más fuerza alcista a los vendedores les costará muy poco volumen de transacción de venta para generar un desequilibrio que de inicio a la fase bajista y los precios caerán.(ahí la formación de la tendencia bajista) hasta un nivel donde las manos fuertes encuentren e un precio de compra que le resulte nuevamente atractivo y que será el utilizado por las manos fuertes en la última fase de la tendencia bajista para ir acumulando discretamente posiciones de compra a un precio bajo , ante el pánico vendedor por parte de la "manada" En este tiempo que la tendencia bajista esta llegando a su fin. (FASE DE ACUMULACIÓN)

Una vez se vaya agotando la tendencia bajista, la multitud de inversores que entran en pánico y desean vender asustados ante la creencia de que los precios seguirán bajando y la moneda que habían adquirido ha perdido mucho valor y se quieren deshacer de ella. Se encontraran que los especialistas las estan comprando, y se desharán de sus posiciones gustosamente vendiéndoselas a las manos fuertes que nuevamente la han adquirido a precio de costo.

Estos últimos, los especialistas ya saben que el precio no va a más y por tanto es un precio interesante para la compra y comenzar el ciclo alcista otra vez, eso sí, previamente habiéndose asegurado que han acabado con la oferta y que no quedan vendedores que puedan lastrar su intención de comenzar un nuevo rally alcista con muy poco esfuerzo a fin de situar nuevamente los precios altos para poder vender sus activos otra vez.

Esto es "grosso modo" el análisis de lo que ocurre en los mercados como transcurre la acción de los precios a lo largo del tiempo y lo que determina que haya acumulaciones tendencias alcista distribuciones y tendencias bajistas , con sus correspondientes consolidaciones y demás artefactos gráficos que podemos observar en las plataformas de inversión.

Ten en cuenta que la cotización actual que se observa en la plataforma que utilicemos es el último precio en el que un comprador y un vendedor han acordado realizar un intercambio.

Para resumir la teoría anterior, vamos a describir el comportamiento del precio mediante la

Formulación de tres principios fundamentales:

Principio 1: El movimiento de precios en cualquier mercado libre es una función de la relación permanente entre oferta y demanda de ese mercado.

Principio 2: El mercado es un mecanismo de descuento; esto quiere decir que todas y cada una de los factores que influyen en el precio se reflejan en él.

Principio 3: El origen del movimiento o cambio en el precio es una ecuación en la que una de las dos fuerzas que compiten (compradores y vendedores) deja de existir a un precio determinado.

El razonamiento anterior explica por qué los mercados no se quedan atrapados entre dos extremos horizontales cuando la oferta y la demanda interactúan. Si el soporte y la resistencia se mantuvieran para siempre, entonces la operativa sería muy sencilla de hecho.

Pero el hecho es que los mercados terminan con las fuerzas direccionales ya que cada comprador al final debe vender y cada vendedor al final debe comprar a fin de recoger beneficios. Esto induce los giros en la acción del precio y el proceso completo puede ser visto como un ciclo Se observan las diferentes estructuras en el mercado:

Asi podemos observar las diferentes estructuras de análisis técnico del precio en los gráficos:

1. Líneas del precio:

    1.1. Líneas Horizontales:

        1.1.1. Soportes

        1.1.2. Resistencias

    1.2. Líneas Dinámicas de Tendencia:

        1.2.1. Tendencia alcista

        1.2.2. Tendencia bajista

    1.3. Canales :

        1.3.1. De tendencia

        1.3.2. De rango de precios

1.3.3. Equidistantes (ángulos de trabajo)

Profundicemos un poco en cada una de ellas.

1.1. Líneas Horizontales:

1.1.1. Soportes

Un soporte es un nivel de precio por debajo del actual, en el que se espera que la fuerza de compra supere a la de venta, por lo que un impulso bajista se verá frenado y por lo tanto el precio repuntará. Normalmente, un soporte corresponde a un mínimo alcanzado anteriormente.

1.1.1. Resistencias

Resistencia es un nivel del precio por encima del actual en el que la fuerza de venta superará a la de compra, poniendo fin al impulso alcista, y por lo tanto el precio retrocederá. Las resistencias se identifican comúnmente en una gráfica como máximos anteriores alcanzados por la cotización

Los soportes y resistencias se podrán considerar por tanto como los mínimos y máximos en la cotización, respectivamente.

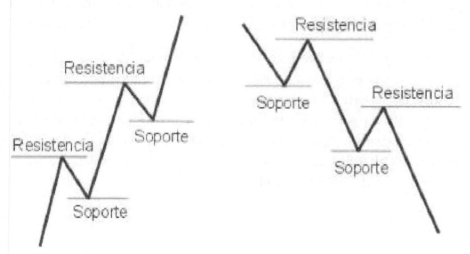

Existen ciertas peculiaridades respecto a estas líneas horizontales del precio:

❖ Los niveles o líneas horizontales del precio cobran una gran importancia a la hora de plantear un trade, dado que casi la totalidad de las ordenes pendientes emitidas al mercado estan basadas en ellas, por tanto resistencias como soportes reflejaran zonas donde se acumulan órdenes pendientes de compra y /o venta . Es decir, serán zonas donde el precio encontrará resistencia a la hora de continuar su trayectoria precedente; Para atravesar dicho nivel con holgura precisará de un volumen mayor de órdenes a favor de las que están acumuladas en su contra, si no lo encuentra, entonces serán rebotadas las cotizaciones en sentido contrario por el resto de órdenes acumuladas contrarias a la tendencia precedente.

❖ Un nivel de soporte (resistencia) se fortalece conforme el precio se aleja de él (ella) después de haberlo probado. Si el precio repunta el 10% después de haber probado un soporte, éste se considera más fuerte que si solamente hubiera repuntado 6%.

❖ Un soporte (resistencia) se considera más fuerte cuantas más veces haya sido probado sin que el precio haya bajado (o subido) de ese nivel.

❖ Un soporte (resistencia) que ha permanecido vigente durante más tiempo se considera más fuerte que uno que se ha formado recientemente. Una resistencia que ha permanecido vigente durante cinco años se considera más fuerte que una que solamente lo ha sido por unos cuantos días.

❖ Soportes (S) y resistencias (R) ofrecen zonas de polaridad, ya que invierten sus papeles una vez han sido atravesados por el precio: Así donde un soporte fue atravesado por las cotizaciones queda convertido en resistencia para el mismo precio en cotizaciones posteriores en una tendencia bajista. Esto también se aplica a la inversa, es decir, en una tendencia alcista, una resistencia que es atravesada por el precio, ahora se convierte en soporte para la misma

.

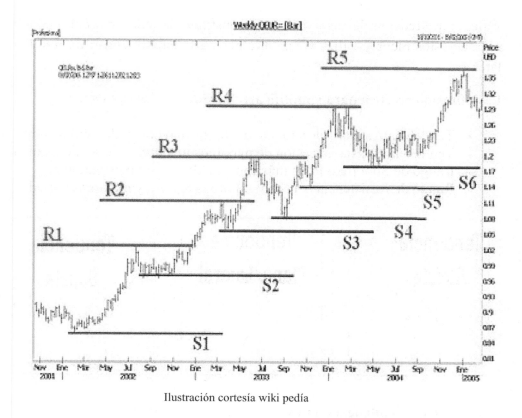

Ilustración cortesía wiki pedía

❖ A la hora de gestionar un trade los niveles de soporte o resistencia cobran mucha importancia, ya que no sólo pueden darte información sobre donde colocar tu stop loss de manera natural, sino que además, una vez entrada la operación en punto de equilibro o breakeven dejar correr las ganancias pero acotando las posibles pérdidas si se volviera en tu contra. Asi los soportes crecientes pueden servirte para realizar un trailling stop a tu operación en una tendencia alcista (trailling stop a nivel de S^1, S^2, S^3… sucesivamente a medida que va subiendo el precio a los niveles de resistencia superior)

1.1. Líneas de Tendencia:

Los movimientos en los precios se caracterizan por un movimiento zigzagueante. Estos impulsos tienen el aspecto de olas sucesivas con sus picos y valles. La dirección de estos es lo que constituye la tendencia del mercado, ya sea que estos picos y valles vayan a la alza, a la baja o tengan un movimiento lateral.

La definición práctica **para simplificarte la vida** son las siguientes

- Tendencia Alcista: sucesión de máximos mayores y de mínimos mayores
- Tendencia Bajista: sucesión de máximos menores y de mínimos menores
- Rango de Soporte o Piso: máximos iguales y mínimos variados
- Rango de Resistencia o Techo: mínimos iguales y máximos variados

1.1.1. Tendencia alcista

Una tendencia alcista se caracteriza por ser una consecución continua de picos y valles cada vez más altos. Tal como se indica en la ilustración.

Como dibujar una línea de tendencia alcista. Se dibujan uniendo al menos dos mínimos consecutivos de la tendencia, confirmándose la misma si la línea se respecta en un tercer mínimo más alto que el anterior.

Fases de la formación de la tendencia alcista

- Fase acumulación. La primera fase de los mercados alcistas es la fase de cautela, donde se produce la acumulación del capital de forma estable y tranquila.

- Fase de expansión de tendencia. La segunda fase es lo que ocurre durante más tiempo, es el momento en el que el capital se encuentra en crecimiento.

- Fase de distribución. En la tercera fase se produce un movimiento de subida con un correspondiente movimiento a la baja. Esto significa que, llegado el momento, el mercado protagoniza una gran subida pero precisamente después viene un importante descenso

1.1.2. Tendencia bajista

Una tendencia bajista se caracteriza por ser una consecución continua de picos y valles cada vez más bajos.

Cómo dibujar una línea de tendencia bajista-Necesitamos por lo menos dos máximos. El primer máximo tiene que ser mayor que el segundo máximo. Posteriormente trazamos una línea recta tazando esos dos puntos. Esa tendencia bajista estará vigente mientras que el activo esté por debajo de la línea trazada

Una línea de tendencia rota es señal de posible cambio de tendencia. Es decir cuando una línea de tendencia alcista se rompe, deberíamos vender y cuando una línea de tendencia bajista se supera, deberíamos comprar.

Fases de la formación de la tendencia alcista

-Fase de Distribución. Los operadores más informados inician su salida del mercado, empujando al precio hacia atrás, las condiciones económicas son todavía buenas y este retroceso en el precio es considerado como una corrección de la tendencia alcista.

-Fase de Tendencia. Los operadores realizan una salida masiva del mercado, llevando al precio a una caída casi vertical.

-Fase de Pánico. En está fase abundan los operadores que han mantenido sus operaciones de compra, pensando que el precio a tocado fondo y ya no puede bajar más. Las noticias económicas no son favorables o ya no tienen mucha influencia. Las caídas en el precio en esta fase son más suaves.

En resumen:

❖ Solo puede haber dos formaciones básicas: tendencias y rangos: Las tendencias pueden ser alcistas (se dirigen hacia arriba) o bajistas (se dirigen hacia abajo) mientras que los rangos son horizontales y según donde se formen pueden ser de acumulación (al inicio del ciclo del precio) o de distribución (al final del ciclo),

❖ El inicio de una nueva tendencia alcista es detectado cuando el último máximo de la anterior tendencia bajista sea quebrado al alza, terminando con la sucesión de máximos menores, al tiempo que sale de la formación lateral de piso(rango de acumulación).

❖ La finalización de una tendencia alcista es detectada cuando el último mínimo de la anterior tendencia alcista es quebrado a la baja, terminando con la sucesión de mínimos mayores, al tiempo que sale de la formación lateral de techo (rango de distribución).

1.4. Canales :

Si dibujamos una línea de tendencia y posteriormente trazamos una línea paralela a ella observaremos que con relativa frecuencia coincide casi al pip con las crestas de los máximos de las expansiones, formando así entre un canal de tendencia (dinámico en caso de las tendencias alcista o bajista, u horizontal o de rango de precios en caso de un mercado lateral sin tendencia).

El estudio de los datos históricos nos demuestra que los valores de la cotización, una vez formado el canal tienden a desplazarse formando secciones dentro del canal (cada una con su correspondiente micro tendencia) tomando las líneas del canal como soporte (en su parte baja y como resistencia en la parte alta del canal) y que los precios fluctúan entre ambos líneas del canal, pudiendo utilizarse este aspecto a la hora de diseñar la operativa de trading, comprando así en las líneas de soporte del canal y vendiendo cuando el precio alcanza la línea de resistencia del mismo.

El ángulo de la tendencia, así como la dinámica precio tiempo en la formación de patrones y secciones dentro del canal determinarán cuando la tendencia pierde fuerza y está próxima a agotarse , produciéndose así al rotura del canal, en el caso del canal alcista esta rotura o break-out se producirá al cruzar hacia abajo el precio la línea baja(línea de tendencia) del canal, mientras que en e el canal bajista el fin del canal vendrá dado por la rotura del precio por encima de la línea superior del canal(que no es otra que la línea de tendencia bajista.

Encontramos así los diferentes tipos de canales o rangos dinámicos: alcista y bajista que puedes observar en la siguiente tabla.

RANGO DINÁMICO ALCISTA	RANGO DINÁMICO BAJISTA
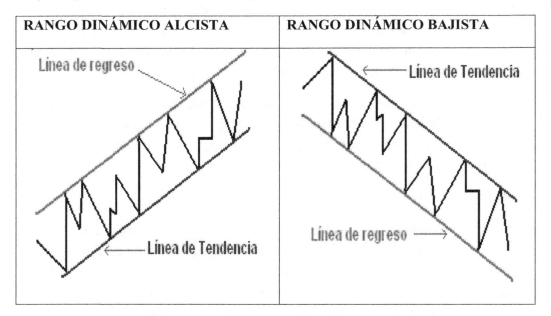	

1.4.1. Canal horizontal de rango de precios

Este tipo de dinámica del mercado encontramos lo que se denomina como rangos del precio o canales horizontales,

En éstos las fuerzas de la oferta y la demanda están equilibradas, y van fluctuando dentro de un rango de precios, en general sin superar un mínimo o máximo anterior. (Ni los nuevos máximos son más grandes en precio, ni tampoco los mínimos son más bajos que los últimos mínimos)

1.4.2. Canales Equidistantes (ángulos de trabajo)

Un canal equidistante representa dos líneas de tendencia que van en paralelo y que unen los precios extremos máximos y mínimos del cierre. A esta se le pueden añadir más líneas paralelas internas o externas con la misma distancia entre ellas que formarán nuevos canales equidistantes.

El precio de mercado salta, dibuja máximos de la expansión (crestas) y mínimos de la contracción (valles) formando un canal de movimientos en zig-zag mas o menos repetitivo en el sentido de la tendencia. La identificación temprana del canal puede facilitar la información muy valiosa, incluyendo los datos sobre el cambio de la dirección de tendencia, lo que permite valorar posibles ingresos y pérdidas.

Si tomamos el punto de origen de una tendencia temprana podemos valernos del primer punto máximo de la expansión con su correspondiente terminación y final de la contracción (o punto mínimo del retroceso), y guiándonos por la figura formada en los extremos (falla, climax, trampa o techo doble) trazaremos una línea de trabajo- el ángulo de la misma lo determina la formación del extremo.

Ej.

En falla tomaremos como punto de contacto para trazar nuestra línea maestra el nivel donde el test no consigue alcanzar el objetivo y falla). Posteriormente trazaremos otra paralela equidistante a la anterior.

Dado que el precio trabaja en base a determinados ángulos, y regresiones, podremos comprobar que en sucesivos movimiento del precio estas son respetadas en su mayoría, conformando así un canal o canales equidistantes donde trabaja el mercado y que deberán ir siendo actualizados según varíen las condiciones del mercado y que nos facilitarán una estructura de trabajo del mercado sobre la que operar, segun sean respetadas o atravesadas por el precio.

Estos trazados bien pueden ser elaborados manualmente por el operador sobre el gráfico en forma de canales equidistantes identificando las primera expansión y retroceso de una tendencia o micro tendencia secundaria (que es como suelo hacerlo yo porque me permite obtener más matices acerca del comportamiento del precio), o bien para simplificar, puedes servirte de una herramienta de análisis técnico creada por Alan H. Andrews llamada "Tridente de Andrews" que poseen algunas plataformas (encontrarás un extenso tutorial sobre su implementación y utilidad en el Manual Práctico de Forex volumen III de la serie).

A continuación te expongo con ilustraciones la base de trabajo de los tridentes de Andrew y como se dibujan en la gráfica.

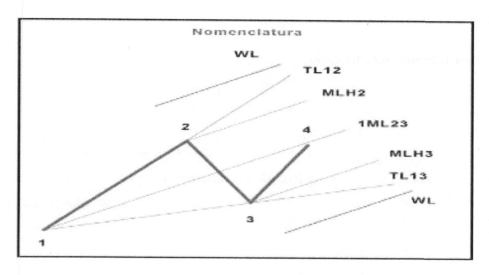

Donde:

- **ML:** Línea Mediana
- **MLH**: Línea Mediana Paralela (la H se usa para representar dos paralelas).
- **Puntos 1, 2, 3:** Pivotes.
- **TL:** Trigger line, es decir la línea que une las rectas 1-2 y 1-3.
- **WL:** Warning Line, es decir se trata de las líneas paralelas sucesivas a las rectas MLH.

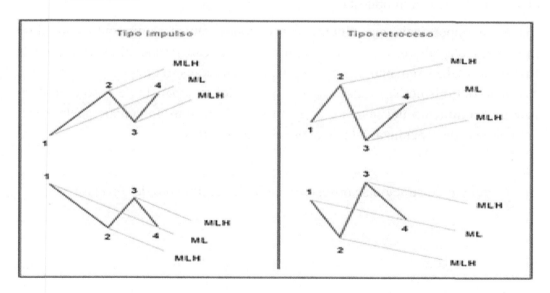

1.6- Sentimiento del mercado

"El pánico causa que vendas en la baja
y la codicia causa que compres cerca de la cima."

Stan Weinstein[ii]

Sea cual fuere el método usado por un inversor, su análisis y decisión final se verá influenciados de forma determinante por su sentimiento como inversor.

Éste suele reflejar sus expectativas y percepción de la evolución del mercado, y jugará un papel clave en la operación que realice encontrando contrapartida por alguien con una visión opuesta.

Tal es la importancia que algunas asociaciones dan al sentimiento entre los inversores que algunas entidades como la American Association of Indivual Investors realiza semanalmente una encuesta entre sus miembros para conocer el estado del mismo, si existe un sentimiento alcista o bajista de base o en que fase de sentimiento del inversor se identifican.(un gran porcentaje suele estar entre la fase de esperanza o la de depresión, entre otras)

En la siguiente ilustración se observa el ciclo de sentimiento del inversor

1.7– Tiempo y velocidad en la formación de los precios:

Los tres elementos fundamentales que abarcan el movimiento del mercado son el **precio**, el **tiempo** y el **volumen**.

El precio es el medio que tiene el mercado de localizar una oportunidad. El precio es una variable volátil y el elemento que más rápido se mueve en el mercado.

El tiempo regula cada una de esas oportunidades y el volumen mide el grado de éxito o fallo de cada movimiento. El tiempo es la constante sobre la que se organiza los movimientos del mercado.

El volumen también es una variable, pero cambia más gradualmente que el precio, además representa la interacción del precio y el tiempo.

En este capítulo vamos a dedicar tiempo a aprender no solo los horarios en los que el mercado tiene mayor actividad y por ende nos da mayores oportunidades de trading, sino que además vamos a ver los ciclos de tiempo del mercado, es decir, patrones repetitivos del mercado, tanto a nivel intradiario (producido por los horarios comerciales de los operadores especialistas) como ciclos mayores: mensuales, anuales, y superiores.

También vamos a poner en relación e estas dos variables tan importantes en el mercado FOREX como son el tiempo y la velocidad del precio, ya que es esta interrelación tiempo-velocidad es de los pilares más importantes en nuestra operativa son las que van a crear la velocidad de formación de las tendencias.

Y también hablaremos de los ciclos económicos y los ciclos a los que se ve sometido el precio en Forex.

1.7.1- Velocidad en la formación de las tendencias

En las graficas del precio observamos dos ejes: en el eje vertical encontramos el precio de las cotizaciones del par, mientras que en el eje horizontal está el factor tiempo en que se va desarrollando el mercado; así pues las formaciones de los gráficos ponen en relación ambos factores: precio y tiempo que quedan reflejados en la gráfica .

 Sin embargo hay algo que no se ve en los ejes pero que se refleja en las gráficas y que influye tanto en la forma de las estructuras creadas (marubozu: velas largas y con un gran cuerpo, sin apenas mechas formadas en breves periodos de tiempo -significa que existe un alto volumen de transacciones alcista o bajista e indican por si mismo una tendencia, por ejemplo) como en la velocidad de formación de las tendencias.

Este facto que no tiene presencia en los ejes, pero queda reflejado en las formaciones no es otro que el volumen de transacciones en el tiempo y es un factor fundamental a tener en cuenta en nuestra operativa, (sino es el más importante) en el funcionamiento de los mercados.

Por tanto, la relación ente precio, volumen y tiempo determinan tanto la velocidad de formación de los gráficos como de las tendencias.

Así una vez iniciada la tendencia, a medida que va dibujándose la cotización del precio en las graficas podemos observar que su incremento o decremento está sometido al factor tiempo, creando así diferentes velocidades en la formación de las tendencias y por tanto diferentes ángulos de trabajo, líneas dinámicas y diversos tipos de velocidad de formación de la tendencia(a destacar normal, lenta o rápida) en los que trabaja el mercado. En capítulos posteriores profundizaremos en los grados que pueden formar las líneas de tendencia basadas en las ondas de Elliot o las teorías de Gann.

Ahora veamos algunos aspectos que te darán valiosa información a la hora de operar.

1.7.1.1. Ángulos de tendencia (velocidad-tiempo)

Ya aprendimos a dibujar las líneas de tendencia en capítulos anteriores. Las llamaremos líneas dinámicas (son líneas similares a los soportes horizontales, solo que en esta ocasión son dinámicas ya que soportan los precios pero varían a lo largo del tiempo junto al precio)

Las líneas dinámicas te ayudan a identificar la velocidad del precio. Esta herramienta te será muy útil para tus futuros análisis de correlación y fuerza relativa del mercado.

S i dibujáramos diversas dinámicas gradualmente a medida que el mercado va desarrollándose observaríamos que de manera más que habitual estas líneas van modificando sus ángulos, siendo estos cada vez ángulos mayores.

Este ángulo formado por la línea de tendencia respecto al eje horizontal determina de alguna manera la velocidad a la que la tendencia esta creciendo.

Asi como podemos ver en la siguiente ilustración: el ángulo de la línea de tendencia nº 1 es menor que el de la línea nº 2 y este inferior a ángulo de la línea de tendencia nº 3-

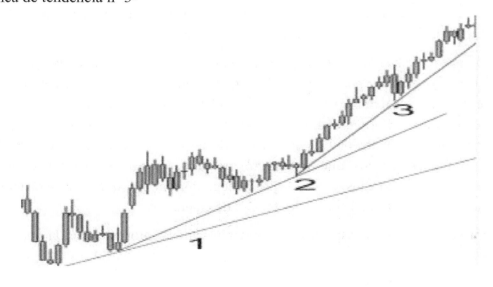

A medida que la velocidad de la tendencia aumenta, el ángulo formado entre la línea de tendencia y el eje horizontal aumenta., es decir que la pendiente de la tendencia va aumentando.

A medida que aumenta la pendiente, la tendencia general va llegando a su final ya que es muy complicado que se sostenga ese crecimiento acelerado durante mucho tiempo (se precisaría un elevado incremento del volumen alcista y mantenido en el tiempo para sostener ese crecimiento acelerado, es por eso que se dice que la tendencia se agota y va llegando a su fin)

Por tanto un línea de tendencia con un ángulo cuanto más cercano a la verticalidad refleja un crecimiento del precio normalmente acelerado, y por tanto nos informa (en la mayoría de las ocasiones) que el fin de la tendencia está próximo ya que existe de base una debilidad del mercado que no permite seguir casando las ordenes del mercado a precios excesivamente elevados y cuya falta de continuidad no tardará en quedar patente en la gráfica en forma de menor recorrido entre sus picos máximos o formación de rangos o fallas en conseguir nuevos máximos en la tendencia previa. Podríamos decir que a medida que el crecimiento pierde fuerza, empieza a crearse un tono de incertidumbre que origina la formación de un potencial proceso de acumulación o distribución, que sólo existirá cuando el precio rompa y salga de dicho proceso en dirección opuesta a la actual tendencia

La inclinación relativa de una línea de tendencia también es relevante. En general, las líneas de tendencia más confiables tienden a aproximarse a los cuarenta y cinco grados.

Esta línea refleja que el avance o retroceso de los precios está en balance armónico con el tiempo. Si una tendencia tiene un ángulo demasiado inclinado, se sospecha que el movimiento ha sido demasiado rápido y no es sostenible. Una pendiente de la línea de tendencia demasiado plana implica que la tendencia es débil y por lo tanto no es confiable.

Aplicando la teoría de retrocesos de Fibonacci a las líneas de tendencia se puede asumir que:

- Una tendencia con un ángulo medio de 45° se considera una

tendencia con un crecimiento estándar o normar. Esta es más sostenible en el tiempo , es cómoda de operar en la formación de canales y aún así puede tener un retroceso del 50% fibo.

- Una tendencia demasiado inclinada (ángulo superior al 55º) es una tendencia con un crecimiento acelerado o rápido. Esta tendencia es menos sostenible, difícilmente operable y dado que su crecimiento es muy acelerado podría tener un retroceso porcentualmente mayor, pues sufrirá correcciones del precio más importantes (retrocesos hasta niveles de fibo 68%).

- Mientras que una tendencia demasiado plana, es considerada de crecimiento lento. Esta es ideal para poder tradear, pues se puede mantener durante más tiempo su crecimiento. Podría tener un retroceso en los niveles de Fibonacci o menor, dado que no precisa de tanta corrección (retrocesos hasta niveles fibo 33%.).

1.7.2- Los Ciclos del Mercado:

1.7.2.1. Ciclo Básico del precio

Las fluctuaciones cíclicas son recurrentes en la naturaleza. Esto significa que tienden a ser repetitivas. Aplicado a los mercados diremos que hay periodos de expansión y de contracción de los precios.

Si la prosperidad es seguida por la depresión, la depresión volverá a ser seguida por la prosperidad renovada. Por lo tanto, los ciclos económicos son rítmicos y tienen un patrón reconocido.

Un ciclo de mercado se caracteriza por cuatro fases básicas:

1. Acumulación (acumulación discreta de posiciones de compra por parte de los especialistas del mercado al inicio del ciclo sin que se observe apenas una subida de precios)

2. Tendencia alcista o fase de expansión (participación del rally alcista por parte de inversores institucionales y posteriormente seguida por la multitud de pequeños inversores)

3. Distribución   distribución discreta de las posiciones de compra de los especialistas al final del ciclo del precio(venta al resto de los participantes sin apenas producirse bajada de precios en la cotización)

4. Tendencia bajista o fase de retracción(participación del rally bajista por parte de inversores institucionales y posteriormente seguida por la multitud de pequeños inversores)

Y formación de nuevo ciclo. Así sucesivamente.

La existencia de una ruptura que acaba con el periodo expansivo, es decir, la distribución y una posterior devaluación: la contracción y declive, con la consecuente depresión de los precios.

Expansión y depresión no son proporcionales. Es decir, el movimiento de arriba hacia abajo es mucho más abrupto y agresivo que la alteración de la bajada hacia arriba.

En la siguiente ilustración se observa cómo se forma emocionalmente un ciclo del precio en Forex y como pasa por las fases básicas de cualquier ciclo de mercado en la que se puede observar de acumulación-expansión-distribución-declive y nueva acumulación.

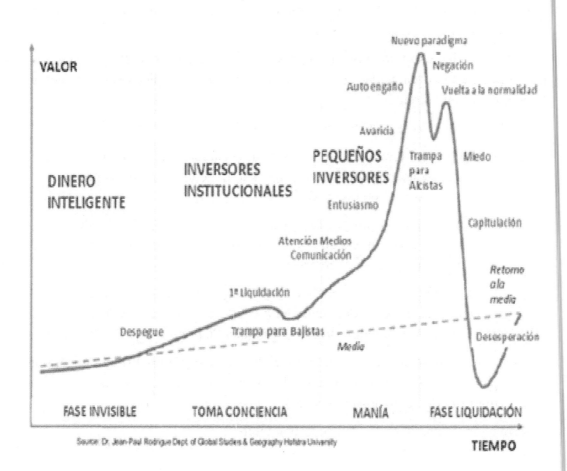

Source: Dr. Jean-Paul Rodrigue Dept. of Global Studies & Geography Hofstra University

1.7.3- Ciclos mayores y nominales

El tema de los ciclos en los mercados es muy antiguo. Existen referencias al precio de las cosas en:

- "Libro Cumplido de los Iuicios de las Estrellas", de Ben Ragel,

- "El Libro de las Cruzes", un libro de origen visigótico mandado traducir del árabe por Alfonso X el Sabio en el siglo XIII del que se conserva un ejemplar en el Monasterio del Escorial con el nombre de "El Libro de los Climas y del Precio de las Cosas".

Más actuales y enfocados específicamente al tema de los mercados tenemos la concepción de los ciclos temporales de los que han tratado en algunas de sus obras Willian.Gann, Kostoslany, Hurst, Benner, etc.

Otros ciclos más conocidos son los desarrollados por la teoría de Dow, Fibonnaci, Elliot o Wolf. Incluso con enfoque en la fractalidad del mercado tenemos desarrollados ciclos en los estudios de Malderbrot.

Así podemos destacar los siguientes estudios y títulos:

W. D. **Gann**- Empleó una considerable cantidad de referencias a los movimientos planetarios para sus predicciones de mercado. El descubrimiento principal de Gann se resume en que tiempo y precio son intercambiables y que cada movimiento significativo del mercado alterna entre los vectores tiempo y espacio.

Edward R. **Dewey**- junto con Mandino estudiaron ciclos que en principio no tenían relación entre sí pero que actúan sincronizados. En sus estudios extrajo datos muy interesantes como que cada 9,6 años hay una abundancia de salmones, cada 22,20 años hay batallas mundiales desde 1415 hasta 1930. Ciclos económicos se repiten cada 18,33 años para las actividades de bienes raíces y el ciclo general bursátil es de 9,2 años.

Nikolai Kondraitief- Economista ruso, Describió un ciclo de 54 años para los tipos de interés , precios del cobre, algodón, trigo valores y mercancías al por mayor.

J.M. Hurst -"The Profit Magic of Stock Transaction Timing" (Las ganancias mágicas de los tiempos de transacciones de acciones). A Hurst debemos la revolucionaria idea de que cualquier gráfico, sea éste de un índice o una acción, es el resultado de la combinación de varios ciclos de periodicidad o duración distinta, ciclos que pueden aislarse y con los que cabe especular de forma separada. Las conclusiones que se obtienen del libro tienen un alto grado de aplicabilidad en FOREX como en el mercado accionario.

No obstante dado que hablaremos más extensamente de los ciclos que genera el precio cuando enfrentemos cada autor en este espacio vamos a profundizar en los ciclos económicos y su aplicación en los mercados, entre otros.

Según un estudio realizado por la entidad financiera española BBVA respecto a los ciclos en los mercados financieros existen una serie de ciclos nominales tal como se indica en la siguiente tabla:

CICLOS NOMINALES
CICLO 10 DÍAS
CICLO 40 DÍAS
CICLO 40 SEMANAS
CICLO 4 AÑOS

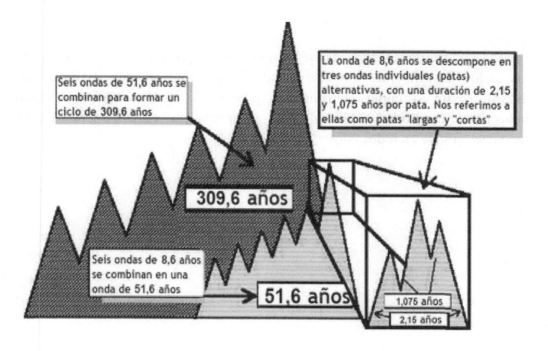

Seis ondas de 51,6 años se combinan para formar un ciclo de 309,6 años

La onda de 8,6 años se descompone en tres ondas individuales (patas) alternativas, con una duración de 2,15 y 1,075 años por pata. Nos referimos a ellas como patas "largas" y "cortas"

309,6 años

Seis ondas de 8,6 años se combinan en una onda de 51,6 años

51,6 años

1,075 años

2,15 años

En esta ilustración extraída de un libro de Dewey puedes ver como se repiten los ciclos de diferentes materias estudiadas y como además en temas tan dispares entre si como matrimonios, precios de materias primas, ventas industriales, la utilidad pública de una compañía, etc. Parece haber un ciclo base que influye en todos ellos .

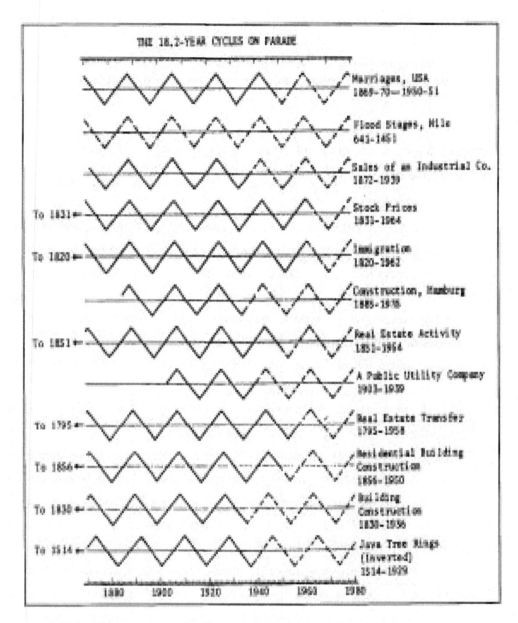

1.7.1- Patrones en la fluctuación del precios :

Estos patrones no se cumplen siempre al 100% pero si es cierto que existe una abrumadora base estadística de datos históricos que sugieren que existen ciertos patrones en las subidas correcciones o bajadas de los precios estos pueden ser anuales o incluso superiores en el tiempo, estacionales, e incluso, a pesar de que esta técnicamente muy instrumentalizado por costosísimos software, podemos encontrar un patrón intradiario. Ten en cuenta que tras los mercados, y las maquinas que lo mueven,(a pesar de creciente tecnificación, instrumentalización y automatización, no deja de haber humanos interviniendo, con todo su elenco de emociones y patrones cíclicos de acción, horarios, y demás.

Todo esto, de algún modo, queda reflejado en los mercados. Encontramos:

1.7.1.1. Patrones mensuales en la fluctuación de precios

Existen variaciones en relación con los meses del año, así como en los diferentes periodos dentro del mes. De esta manera podemos encontrar que:

- En la mayoría de los mercados operar solo el primer día de cada mes es una de las mejores recetas. Ello tiene su sentido si tenemos en cuenta que los bancos cierran parte de sus carteras a finales de mes para abrirlas de nuevo el primer día del mes siguiente. y por otra parte los ingresos de capital el día de cobro a los productos de inversión por parte de la multitud.

- Pauta del mes de enero: El primer mes del ejercicio suele ser un buen indicador de lo que puede pasar el resto del año.

- El dicho "Sell in May and go away" , que puede traducirse por vende en mayo y olvídate, es el mejor resumen de cómo funciona esta pauta estacional. Se ha estudiado en los 19 principales mercados del mundo desde enero de 1970 a agosto de 1998. Todos suben mucho más en el periodo de noviembre a abril que de mayo a octubre. Sin embargo el peor mes es septiembre y no noviembre como suele creerse. Septiembre es uno de los meses más peligrosos porque es el mes típico de la vuelta de vacaciones. El síndrome posvacacional existe en las personas y tiene su réplica casi exacta en los mercados. Mientras que existe un rally alcista en Navidad y principios de Enero frecuentemente.

1.7.1.2. Patrones intradiarios en la fluctuación de precios.

El hecho de que se solapen diferentes sesiones en los mercados, así como que la operativa de los traders institucionales se lleven a cabo por profesionales que cumplen con unos horarios de trabajo junto con sus respectivos periodos de descanso (entre otros) y sus particulares eventos crean puntos de inflexión durante todo el día del Mercado.

Los puntos naturales a considerar son:

08:00 GMT Inicio Londres

11:00 GMT Almuerzo Londres

13:00 GMT Inicio Nueva York

17:00 GMT Almuerzo Nueva York

17:00 GMT Cierre Londres

22:00 GMT Cierre Nueva York

Entre cada punto de inflexión se crea un segmento de tiempo que usualmente mantiene una misma dirección en el precio. Se explica por la lógica de que un grupo determinado de participantes está empujando el precio en una dirección o que simplemente la ausencia de participantes permite que el precio vaya en otra dirección.

Aquí cabe destacar un importante estudio "Segmentation and Time-of-Day Patterns in Foreing Exchange Markets" solicitado por el Banco Central Suizo donde se constató tras el estudio durante una década de determinados pares en la operativa intradía, los siguientes patrones:

1- Las divisas de cada país tienen una clara tendencia intradía a depreciarse en el horario laboral normal de su propio país.

2- Las divisas de cada país tienen una clara tendencia intradía a apreciarse en el horario laboral normal del país extranjero que da contrapartida.

1.7.1.3. Rally de Navidad

Desde el tercer viernes de diciembre (que terminan los contratos de futuros y de opciones) hasta el 31 de diciembre, por regla general suelen subir los mercados. Desde el 25 de diciembre hasta los primeros días de bolsa de enero (generalmente los dos primeros días de negociación) suele haber subidas. Esto es debido a que las pagas extra de navidad son utilizadas por muchas personas para aportar a los fondos de inversión y a los planes de pensiones.

1.7.1.4.   Rally de Acción de Gracias

Se observa en la mayoría de mercados financieros un rally alcista respecto al día de Acción de Gracias, Consiste en comprar el día antes, es en este caso el miércoles y vender antes de cerrar el viernes.

1.7.1.5.   Devaluación en verano

Como ya hemos indicado en un punto anterior vende en mayo y olvídate, es el mejor resumen de cómo funciona esta pauta estacional.

1.7.1.6.   Otras:

Pauta de los lunes: Establece los mercados en general, suben los lunes y bajan los viernes. Muchos operadores prefieren liquidar sus posiciones los viernes (día de recogida de beneficios) para no arriesgarse a que pueda ocurrir algo durante el fin de semana.

Pauta previa de los festivos: Una de las pautas que mejor funcionan en renta variable es la de las jornadas previas a amplios periodos festivos. También se ven reflejadas en Forex.

No obstante los patrones en las fluctuaciones de los precios, aunque se basan en causas y motivos conocidos, no dejan de ser meras cuestiones estadísticas, por lo que no se deben considerar nunca como un dogma que deba de cumplirse siempre.

1.7.2- Mercados y Horarios de Actividad

Como ya vimos en el volumen I de "FOREX al alcance de todos", los mercados más importantes se encuentran en Londres, Nueva York y Tokio, y es en el horario de apertura de éstos donde se concentra la mayoría de la actividad del mercado. El horario de actividad (las 24 horas del día) del mercado Forex, sigue correlativamente los husos horarios de .todo el mundo. La mayoría de los mercados de cada país abren desde las 8:00 a.m. hasta las 4:00 p.m. en su correspondiente hora local). Por ejemplo, cuando cierra el mercado estadounidense, se .abre el mercado de otro país. Esto le conviene, ya que así usted podrá seguir operando.

Asegúrese de que opera en una sesión con gran liquidez y alto volumen de transacciones. Estas oportunidades suelen darse cuando los horarios de las sesiones de los mercados se superponen, lo que permite mayores fluctuaciones en la cotización. Ello le va a ofrecer mayores oportunidades de trading para obtener un buen rendimiento especulando los activos.

Las mejores sesiones para operaciones múltiples son las siguientes:

- En la sesión del mercado europeo; opere con cualquiera de los pares principales EUR/USD GBP/USD AUD/USD NZD/USD USD/JPY USD/CHF USD/CAD entre las 08:00 y las 15:00 GMT. (Este es el horario en que precisamente abre el mercado londinense (a las 08:00 GMT) y cierra la jornada del .mercado asiático).

- En la sesión del mercado americano; opere con EUR/USD, USD/CHF, o GBP/USD entre las 13:00 y las 17:00 GMT. (Este es el horario en que precisamente abre el mercado estadounidense (a las 13:00 GMT) y cierra la jornada del .mercado europeo).

Desde las 06:00 hasta las 08:00 GMT, es cuando cierran los mercados asiáticos y abren los mercados europeos.

Desde las 07:00 h hasta las 08:30 h aproximadamente (apertura de mercado europeo 1º Berlín y Frankfurt y posteriormente Londres) se van tomando posiciones comerciales con un alto volumen de transacciones lo que va determinando la tendencia diaria.

Este periodo de expansión de la volatilidad tras un periodo nocturno de baja liquidez es lo que llamamos "La Rotura en la Apertura de los mercados Europeos" que no es otra cosa que la apertura de mercado europeo. Da múltiples oportunidades de trading intradiario para aquellos que la operan (ten en cuenta que por algo la sesión de mercado londinense es la mayor en volumen de transacciones)

Los mercados de Australia y de Asia se superponen entre las 24:00 y las .03:00 de la noche (GMT) lo que también ofrece buenas oportunidades para operar

Aproximadamente entre las 21:00 y las 23:00 GMT, cierran los mercados de los EE.UU. No hay superposición de mercados durante este lapso de tiempo. El volumen de operaciones es mucho menor y los movimientos más grandes son menos frecuentes durante este período. Es mejor .evitar estas franjas horarias.

- ➤ Franja Horaria GMT
- • De 08:00 a 15:00 - Londres
- • De 12:30 a 22:00 - Nueva York
- • De 20:00 a 04:00 – Auckland, Sydney y Wellington
- • De 23:00 a 04:00 – Tokio
- • De 24:00 a 08:00 - Hong Kong y Singapur

1.8– El ritmo y el tíming

El ritmo de los mercados surge de la interacción entre el precio y tiempo.

Esto es debido a variables como las interacciones comerciales de los especialistas y de la "manada", de la interacción de las negociaciones de inversores que operan en diferentes escalas temporales (cortoplacistas y largoplacistas) el volumen negociado, los múltiples periodos temporales en que se tradean y las diferentes expectativas operacionales de los participantes… y otras variables menos técnicas, como las emociones humanas: miedo, codicia, esperanza, pánico, etc. que hace que (al igual que en el ballet o los ciclos de las mareas) se formen ritmos y dinámicas y una serie de características cíclicas casi con una frecuencia cíclica y sinusoidal (característica del movimiento ondulatorio).

La dinámica del mercado viene dada por la "mentalidad de manada" de la mayoría de los participantes, también por los diferentes periodos temporales en los que se opera acorde a las expectativas de los operadores de largo o corto plazo Cuando todos siguen las reglas más o menos "establecidas" amparando sus trades en análisis técnicos y fundamentales y tratan de hacer una operación segura y rentable, alguien actúa de manera inteligente (profesionales) conociendo como se comportará la mayoría y hacia donde se dirigen y actúa antes que los demás y tratando de atrapar a la manada de traders.

En ese momento el mercado parece ilógico. Pero es esta participación de los especialistas frente a "la manada" la que determina la formación de patrones repetitivos en el precio pues es la única que posee el volumen suficiente de contratos para modificar la dinámica del precio, además de herramientas de tercer nivel que los demás carecen.

Lo que se deriva de la actuación de los especialistas, lógicamente no siempre sucede, tan solo de vez en cuando. De hecho si analizamos los datos históricos, a menudo la supuesta lógica de los movimientos que los traders esperan del mercado, no son más que trampas de los grandes operadores.

Sin embargo, en general, y salvo en ocasiones en que los depredadores actúan provocando un tsunami que arrasa con muchas de las operaciones convenidas por los movimientos anteriores, existe un ritmo dentro del mercado: algo que con una frecuencia más o menos estable que suele ocurrir y que llamamos "timing".

 Es un lenguaje de lo que no se ve gráficamente, pero que esta ahí, y que iras conociendo a medida que aprendas a leer el mercado, A sentirlo.

Este timing o ritmo resurge y se hace presenta, una y otra vez, indefectiblemente.

El saber reconocer cómo y de qué modo actúan los especialistas del mercado nos   dará   la   clave.

1.9.5- La importancia del volumen

El volumen es el indicador más importante para el trader profesional,

pues es el volumen el que mueve el precio

¡El volumen es actividad!

Hay muy poca información disponible en los medios que le den la importancia al volumen que se merece, (a pesar de que este es sin duda el indicador de actividad en los mercados de mayor importancia,) pues la base legitima de los movimientos de la cotizaciones en los mercados no es otro más que el desequilibrio entre el volumen de transacciones de demanda (compras) y el volumen de transacciones de oferta(venta)

Este desequilibrio entre el volumen de oferta y demanda es el que mueve los mercados bien iniciando, prolongando, o agotando las tendencias o haciéndolo entrar en rango laterales cuando encuentra falta de liquidez (volúmenes bajo y equilibrado).

Por tanto el conocimiento profundo del volumen como indicador de la actividad del mercado es lo que realmente te abrirá la puerta al éxito como trader. De hecho es el volumen una de las principales herramientas para el trader profesional, que habitúa a utilizar conjuntamente con el precio otras herramientas los niveles de profundidad del mercado II y III y software que representa el flujo de órdenes, libro de órdenes, o sistemas sintéticos como el traderguide software, Order Flow Analytics, Market Profile, Volumen Spread Analysis, volumen de futuros de forex, Better Volume , etc.

Sin embargo tenemos una desventaja cuando hablamos al mercado Forex, dado que es un mercado descentralizado que no ofrece una data de volumen real, legitima y completa de la totalidad de transacciones expuestas a negociación. En la aplicación de la plataforma en la que operemos tendremos acceso a la data de volumen q maneje dicho broker pero no de la totalidad del mercado; en el mejor de los casos dispondremos en nuestra plataforma el 70-80% del volumen total de transacciones lo cual nos da una ligera idea del volumen real q se está negociando en un momento dado.

A falta de data legítima podemos utilizar el volumen de transacciones del mercado de Futuros de Forex como guía -dado que ambos mercados estan altamente correlacionados- y por tanto nos servirá para tomar decisiones en nuestra operativa. De hecho es más que conveniente observar el volumen negociado en otros mercados correlacionados con el nuestro y vigilar cualquier cambio importante.

Por otra parte se tiende a considerar que aquellos broker que actúan como Market Maker al ser creadores de mercado pueden controlar los precios, en realidad estos crean mercado, por no pueden controlar los precios en si, sino que responden a las condiciones del mercado y toman oportunidades si se les presentan: ej. Ante el pánico vendedor donde hay un incremento exorbitado de volumen de venta y menos de compra a esos niveles o momentos en los que el mercado presente poca actividad ellos pueden ver un potencial para manipular el precio y por ejemplo ofrecer volumen de contratos en otro rango, dejando huecos en la cotización (gaps) que posteriormente pueden ser rellenados si aparecen nuevas órdenes en esos precios que casar con las anteriores enviadas al mercado .

Ten en cuenta que la dinámica del mercado y los ciclos se producen por la necesidad de colocar grandes volúmenes de contratos por parte de los profesionales al público en general evitando que los precios tengan variaciones importantes del precio mientras existe esa transferencia de contratos (sino los precios no les resultarían atractivos al verse modificados sustancialmente)… es por ello que el mercado se mueve arriba y abajo, haciendo rangos de acumulación , distribución y posteriormente entra en tendencias con sus consolidaciones y retrocesos.

Los trades profesionales deben acumular compras tras una bajada de precios intensa, pero la mayoría de estas compras solo pueden adquirirlas a los particulares, ya que grandes cuentas como los bancos suelen retener sus posiciones con el fin de mantener el control de las compañías , creando un suministro flotante que no puede ser negociado y por tanto los profesionales deben de asegurarse de hacer desaparecer ese volumen de venta antes de iniciar un rally alcista, comprando hasta el último contrato de la multitud que vende presa del pánico. Es por ello que se producen los test al soporte haciendo creer a las masas que continuará la bajada de valor de la cotización para ver si quedan más vendedores dispuestos a "soltar" sus posiciones. Una vez eliminado todo el volumen de venta bastara un pequeño volumen de compra por parte de los profesionales para producir el incremento del precio y dar inicio a la tendencia alcista, primero tímidamente pues solo estarán los volúmenes de compra de los profesionales al que posteriormente se irán añadiendo instituciones y la multitud en el último tramo del ciclo (fase de euforia) antes de producirse una nueva distribución de los precios por parte de los profesionales y caer .

Para que un contrato se ejecute tiene que existir una contraparte que lo asimile, bien puede ser el broker que nos da contraparte o el propio mercado Asi si existen grandes ordenes de ventas o de compras el precio se mantendrá en ese nivel creando un soporte o una resistencia respectivamente hasta que todas esas órdenes sean casadas y se ejecuten. Una vez que no quedan más contratos en ese nivel de negociación una sola venta más (no es necesarias mucho volumen) podrían iniciar

Podemos indicar al menos algunas verdades fundamentales respecto al volumen. Asi

- En una Tendencia Alcista:

El volumen alcista es el incremento de volumen en los movimientos alcistas y la disminución en los movimientos bajistas y se refleja en la grafica del precio como la consecución de una tendencia alcista.

- La Debilidad (Agotamiento) de la Tendencia Alcista.:

Sugiere que los compradores están perdiendo fuerza. Se manifiesta en las velas alcistas, especialmente si su rango es estrecho (velas doji, sus variantes y otros patrones que demuestran indecisión en los mercados), acompañados de volumen menor que en las dos barras anteriores (o velas). Esto muestra que no hay demanda de los traders profesionales.

- En una Tendencia Bajista:

El volumen bajista es el incremento del volumen en los movimientos bajistas y la disminución del volumen en los movimientos alcistas y se refleja en la grafica del precio como la consecución de una tendencia alcista bajista. No obstante, las tendencias bajistas pueden avanzar incluso sin volumen: para ello basta con que los especialistas no estén interviniendo en compras en los mercados

- En las Resistencias y Soportes:

Podemos prever si una resistencia será atravesada por el precio observando el volumen. Si el precio testea en más de una ocasión un nivel de resistencia, el aumento de volumen predice la superación de la resistencia, mientras que si en sucesivos test del precio a la línea de resistencia observamos disminución del volumen, entonces la resistencia no será superada y el precio retrocederá. También es interesante observar la existencia de velas de rango estrecho o indecisión en el mercado que confirmen el posible cambio de tendencia.

Sin embargo para que te sea de utilidad necesitas mirar el recorrido del precio y la acción del precio en relación con el volumen. Y el indicador de volumen no como forma aislada, sino en relación con los días o semanas previos y ver si el volumen de hoy es alto, medio o bajo comparado con el volumen visto en el pasado.

En resumen se puede decir que:

✓ Cuando la demanda excede a la oferta, el precio sube.

Los precios suben y el volumen sube = Se valida el movimiento y la cotización sube= TENDENCIA ALCISTA.

✓ Cuando la oferta excede a la demanda, el precio baja.

Precios bajan y el volumen sube = Validación del movimiento de TENDENCIA BAJISTA y el precio cae.

✓ Rango.

Cuando demanda y oferta se equiparan, la acción fluctúa dentro de un rango al que llamamos CONSOLIDACIÓN O RANGO

✓ Soporte.

Los precios bajan y el volumen baja = Se invalida el movimiento BAJISTA y los precios deben subir=SE CREA UNA ZONA DE SOPORTE.

✓ Resistencia.

Los precios suben y el volumen baja = Movimiento sin fuerza(DEBILIDAD DE LA TENDENCIA ALCISTA), los precios deben bajar= SE CREA ZONA DE RESISTENCIA

El volumen también es útil para detectar trampas al mercado por parte de las manos fuertes (Smart Money), así como zonas de acumulación y de distribución, reversas o continuidad del activo en las gráficas.

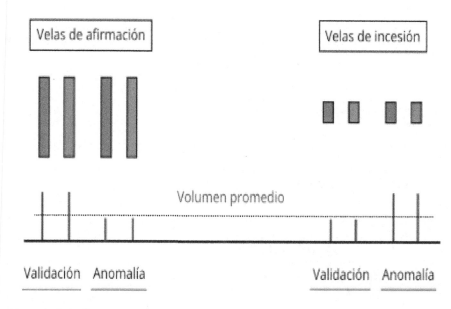

Ilustración cortesía trading way

Podemos observar las maniobras profesionales a través de los volúmenes negociados así como a través de las divergencias producidas entre la dinámica del precio y el volumen. Segun la cantidad de volumen de negociaciones que observemos ocurrirá una cosa u otra, pues el volumen es actividad.

Ello nos darán información valiosa sobre lo que es más probable que haga el precio: entra en rangos, agotarse, continuar la tendencia previa, retroceder, consolidar, etc.

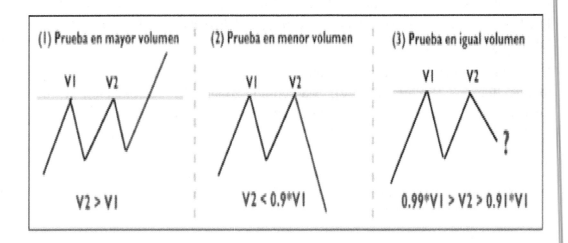

Asi encontramos:

| Debilidad tendencia alcista | Resistencia y fallo de tendencia |

- Distribución y cambio de tendencia:

Llamaremos "Volumen de parada" o climático. Un volumen muy alto en una vela alcista con poco rango de precio recorrido es un indicio de que los especialistas estan distribuyendo y que esta próximo el fin de la tendencia alcista. Ese volumen elevado refleja ventas, aunque no se podrá saber hasta la vela siguiente. Dice Tom Williams que "a los profesionales no les gusta volúmenes ultra altos en velas alcistas" porque suelen esconder muchas órdenes de venta por parte de los especialistas.

- Acumulación:

Aparece mucho volumen en el soporte tras una tendencia bajista pero hay movimiento lateral y poco rangos de precio recorrido .Esto es una "parada" a la caída,(soporte y acumulación) es decir, compras del profesional,. Y las compras se dan ahí, en el soporte, por motivos lógicos: mucha gente entrará ahí largo a modo de retroceso del precio tras una tendencia a la baja prologada, otros que entraron cortos podrían estar liquidando posiciones (con compras) al llegar a esa zona tan significativa para recoger beneficios o bien las manos fuertes   pueden   estar   acumulando.

1.9.9- El mercado es Fractal

Dado que la teoría del mercado eficiente se ha comprobado que no tiene aplicabilidad validad en el desarrollo de los mercados financieros algunos autores como Edgard Peters y Haridas proponen la sustitución de la hipótesis del mercado eficiente por la hipótesis del mercado fractal.

Esto junto con la teoría del caos supone un cambio de paradigma en los mercados. Pero ¿Qué significa la fractalidad en los mercados?

El término fractal es un vocablo derivado del latín, fractus (participio pasado de frangere), que significa quebrado o fracturado y se lo utiliza para designar a objetos semigeométricos cuya estructura básica se repite a diferentes escalas.

Debemos su aplicabilidad al campo de las finanzas a Benoit Mandelbrot , el cual en su libro "Fractales y Finanzas " editado en 2004 establece: *Un fractal es una clase especial de invariancia o simetría que relaciona un todo con sus partes: el todo puede descomponerse en partes que evocan el todo. Piénsese en una coliflor: cada racimo puede separarse y es, sí mismo, una coliflor en miniatura. Los pintores, entrenados en observar la naturaleza de cerca, ya sabían esto sin esperar a que la ciencia se lo dijera"*

Dentro de la definición de los fractales observamos dos características:

-Autosimilitud (o autosemejanza)

Está relacionado a la propiedad de un objeto de mostrar en sus partes la misma forma o estructura que presenta el todo, aunque pueden encontrarse a diferentes escalas y ligeramente deformadas en algunos casos.Asi podemos ver que las variaciones de una micro tendencia en un time frame inferior forma parte de una tendencia superior de un time frame mayor que es similar en estructura o escalabilidad a la precursora y así sucesivamente.

-Dimensión extraña (escalamiento)

La dimensión fraccionaria es el grado de irregularidad de una estructura o sistema. Mandelbrot se encontró con que la dimensión fraccionaria permanece constante sobre diferentes grados de aumento de un objeto irregular. En otras palabras, hay regularidad en toda irregularidad

Benoît Mandelbrot considera fractal aquellos objetos con tamaño y orientación variables y que en cada instante tiene un aspecto similar al anterior mientras llama dimensión extraña a la dimensión escalable sobre la que se estructura el fractal.

Otros autores, como Hausdorff planteraon la idea de que los objetos tuviesen más de dos dimensiones pero menos que tres, lo cual dio origen al término "dimensión fractal".

Así en la matemática se establece que un punto tiene dimensión 0, que una línea tiene dimensión 1, que las figuras planas tienen dimensión 2 y que las espaciales tienen dimensión 3. Estas dimensiones, que corresponden a números enteros y son invariantes.

Lo entenderás mejor con un ejemplo: Tomando un cuadrado, el mismo puede ser dividido en cuatro cuadrados congruentes y decir que el factor de ampliación es 2, o de manera similar, si se descompone al inicial en nueve cuadrados, se dice que el factor de ampliación es 3. Generalizando, el polígono puede descomponerse en n^2 copias de sí mismo. Siguiendo un razonamiento análogo a partir de un cubo, el mismo se puede descomponer en n^3 partes iguales.

En definitiva, todos los fractales tienen algo en común, ya que todos son el producto de la iteración de un proceso geométrico elemental que da lugar a una estructura final de una complicación, en apariencia, extraordinaria. se produen en muchos campos de la naturaleza, física, música, arte, o la biología como el sistema vascular o la red neuronal.

Ejemplo de fractalidad en la naturaleza la encontramos en el Brécol romanesco.

Pero además las formas fractales no sólo se presentan en las formas espaciales de los objetos sino que se observan en la propia dinámica evolutiva de los sistemas complejos (ver teoría del caos). Dinámica que consta de ciclos (en los que partiendo de una realidad establecida simple acaban en la creación de una nueva realidad más compleja) que a su vez forman parte de ciclos más complejos los cuales forman parte del desarrollo de la dinámica de otro gran ciclo.

Las evoluciones dinámicas de todos estos ciclos presentan las similitudes propias de los sistemas caóticos.(se observa fractalidad a nivel financiero en la formación de la tendencias: patrones de ondas y subondas que forman microtendencias las cuales se repiten dentro de tendencias en un periodo temporal mayor y estas dentro de macrotendencias en periodos temporales mayores sucesivamente: así una gráfica de un minuto contendrá el mismo patrón de fractal como un gráfico mensual).

Poniendo todo en perspectiva observarás que los fractales y la onda de Elliott son herramientas que revelan la estructura subyacente del mercado. (La onda de Elliott le provee una dirección a los movimientos con altibajos del mercado. Por tanto necesitamos conocerlas). Estos movimientos que producen las estructuras del mercado pueden compararse con lo que Mandelbrot llama iteraciones (los incrementos superpuestos unos a otros son una forma de iteración); El modelo más simple de iteración es la secuencia sumatoria conocida como los números de Fibonacci. Mandelbrot determinó ésta estructura en relaciones 0.618 de Fibonacci y te serán muy tiles tanto las espirales de Fibonacci como las retracciones en tu análisis.

Para que compruebes como todo lo anteriormente expuesto se relaciona entre sí de forma coherente: el orden dentro del caos, la estructura subyacente al mercado, las repeticiones o iteraciones del mercado (documentada por las ondas de Elliot) y el enfoque fractal y del caos determinista y como se aplica en los mercados financieros veamos una imagen que ilustra todo lo explicado anteriormente:

A partir de este punto, Si queremos ser traders de éxito, debemos entender cómo es el mercado para luego sintonizar con él nuestros sistemas. Es lo que empezaremos a hacer a partir de este momento: entender el mercado, su estructura subyacente, su energía implícita, su psicología de masas. Eso te hará formar parte del 10% de los traders que consiguen consistencia en sus operativas, que no son otros que el 10% que consigue tener una perspectiva global de los mercados en su totalidad y aplicarla en consecuencia.

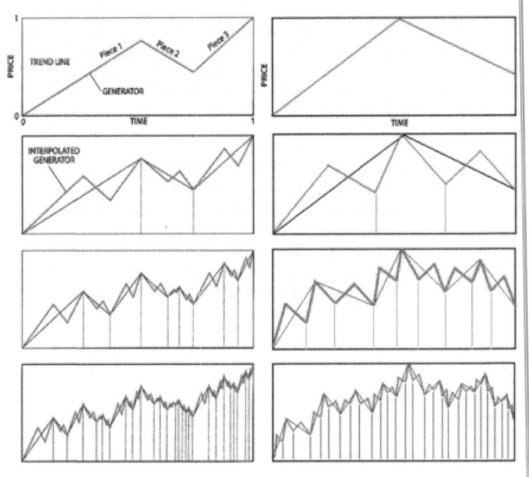

Figura 4: Fractal financiero.
Fuente: http://liniadetrend.ro/eticheta/triade/

"Los mercados son un sistema no lineal turbulento producido por la interacción de los seres humanos, el precio y las acciones de tiempo... Encontrar la estructura fractal del mercado produce un modo de entender el comportamiento del sistema... Es una manera de ver el patrón, ordenarlo, y, lo más importante, pronosticar donde todos los demás sólo ven caos"

Darío R.[iii]

88

. 1.10- Herramientas del Análisis

1.10.1- Marcos temporales (Time Frames)

Llamamos marcos temporales o Time Frames en ingles (TF) a los periodos de tiempo en los que graficamos la acción del precio dentro de los mercados dentro de la plataforma operativa. Es tu obligación como trader determinar aquel periodo temporal en el que realizarás tus análisis y operarás tus trades.

La mayoría de las plataformas comerciales en las que operarás te presentaran marcos temporales desde tics pasando por minutos, horas, días, semanas o meses.

La elección de un determinado marco temporal tiene mucha importancia, pues será en sus gráficos donde nos basaremos para determinar los puntos de entrada y salida de nuestras operaciones. (Esta dependerá de aquellos beneficios que busquemos y también del tipo de personalidad que tengamos como operador, entre otros factores.)

Asi según determinemos el tipo de operador en que deseamos convertirnos utilizaremos un determinado marco temporal para nuestra operativa u otro , cada uno de ellos con sus correspondientes ventajas y desventajas, las cuales te expongo soperamente en la tabla siguiente:

TF	USO	VENTAJAS	DESVENTAJAS
INTRADÍA	-TF gráficos 1-15 min - Operaciones abiertas desde segundos a horas -Cierre operaciones diario -No operaciones flotantes "overnight". No swap - Trader a tiempo completo	- Muchas operaciones diarias con esperanza de bajo beneficio. -No riesgo por operaciones abiertas overnight.	-Ganancia limitada a pocos pips en cada trade. -Alto costo operacional en concepto de spread. -Limitación cierre intradiario. -Mucho ruido en el mercado. Los precios se moverán más aleatoriamente. -Requiere mucha disciplina y control emocional
CORTO PLAZO	-TF Gráficos 1-4 horas -Operaciones abiertas desde días a semanas. -Menor número de operaciones. -Mayor recorrido de pips por operación	- menos operaciones pero con esperanza de mayor beneficio -Menor costo en concepto de spread al haber menos operaciones. -Ruido del intradiario mitigado	-Mayor Costo en concepto de Swap (+ días= +diferenciales diarios que pagar) -Riesgo de pérdidas al dejar operaciones abiertas overnight por gaps de apertura
LARGO PLAZO	-TF Gráficos diarios, semanales, mensuales -Operaciones abiertas durante semanas a meses o años. -Dependiente de datos macroeconómicos y geopolíticos	-Requiere menor tiempo de observación de los mercados. -Tendencias habitualmente definidas y sin ruido. -Menor riesgo. -Mayor amplitud de los trades aunque con ganancias moderadas. -Se puede trabajar carry trade.	-Pocas operaciones abiertas al año. -Mayor Costo en concepto de Swap (+ días= +diferenciales diarios que pagar) -Requiere de altas dosis de paciencia y temple. - Frecuentes meses de perdida (ganancias moderadas) -necesario buscar oscilaciones a largo plazo dentro de tendencia.

No obstante si deseas mejorar tu desempeño como trader te será de gran utilidad el uso de múltiples marcos temporales(TF); en el mercado FOREX .Te será de gran ayuda para tener una visión más global del mercado y no cometer errores a la hora de operar (por ejemplo en contra de la tendencia principal, salvo que esto forme parte de nuestra estrategia).

No obstante no es adecuado seleccionar las diferentes temporalidades al azar, sino que a la hora de utilizarlos debemos elegir aquellos TF que guarden relación de alrededor de cinco veces con el grafico anterior mejor si además estén sincronizados entre si).

✓ Temporalidad Primaria **(Señal).** En esta harás tu análisis técnico y desde la cual obtendrás tus señales tanto para entrar como para salir del mercado. Es la temporalidad que define tu estilo como especulador.

✓ Temporalidad Superior **(Confirmación)** . Es una temporalidad mayor a la primaria te prove de una perspectiva mayor a la hora de decidir tu entrada. También sirve de referencia para para determinar los objetivos de tomas de ganancia (Tp, take profit) totals o parciales.

✓ Temporalidad Inferior **(Ejecución)** . Util para determinar el punto de menor riesgo posible para ejecutar tu entrada, después de que la señal ha sido emitida en la temporalidad primaria.

Así, por ejemplo para operar en gráficos de 5 minutos (temporalidad inferior) tomaremos el grafico de 15 min temporalidad superior (confirmación) y nuestra temporalidad primaria (o señal) la determinaremos en gráficos de 1 hora.

Te expongo a continuación los múltiples TF que yo utilizo según sea mi operativa

• Negociaciones intradiarias (corto plazo) : gráficos de 1 hora, 15 minutos y 5 minutos.

• Negociaciones swing-trading (medio plazo) : gráficos de 1 día, 4 horas y 1 hora.

• Position Trading (largo plazo): gráficos de 1 semana, 1 día y 4 horas.

Asi es interesante a la hora de operar utilizar múltiples temporalidades, donde normalmente se utiliza el marco temporal menor para determinar el punto exacto de entrada al mercado con menor riesgo, mientras que el marco temporal mayor nos informa sobre la tendencia de largo plazo y la dirección del precio como puedes observar en esta imagen.

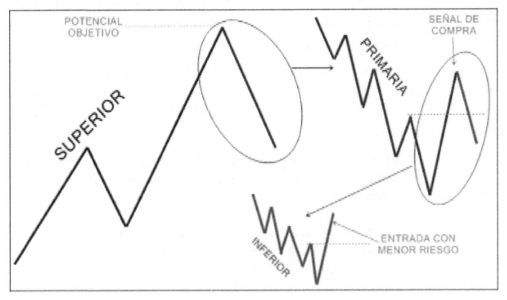

Ilustración cortesía Tendencia fx

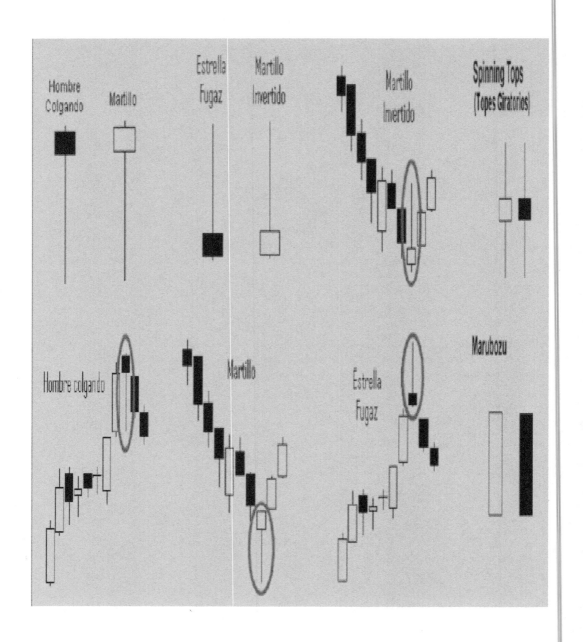

Introducción.

Si comparamos el análisis de velas japonesas con un gráfico de barras, etc., podemos ver que un día determinado de negociación está representado en cualquier tipo de gráfico, pero su uso e interpretación son más fáciles en el gráfico de velas japonesas. A medida que tenga mayor práctica y se familiarice, los gráficos de velas japonesas (candlestick) se volverán parte fundamental de su análisis y la mayoría no volverán nunca a los gráficos de barras tradicionales.

La representación de gráficos de velas japonesas es un importante método de análisis técnico desarrollado por los japoneses. Las velas japonesas, muestran el precio de apertura, precio máximo, precio mínimo y precio de cierre de un determinado periodo.

Una vela japonesa está compuesta de una barra que se llama cuerpo, cuya longitud representa la diferencia entre el precio de apertura y cierre, y de delgadas líneas verticales situadas en la parte superior e inferior del cuerpo, denominadas como sombras.

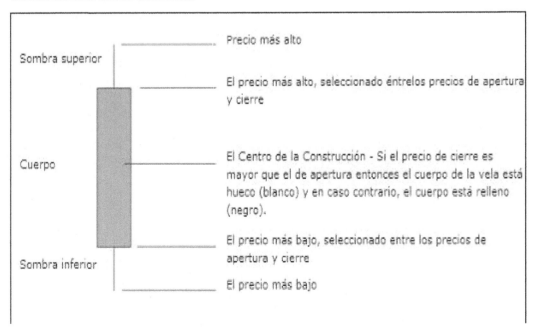

Una vela japonesa puede verse como la representación gráfica de la lucha entre los compradores y los vendedores en un determinado período de tiempo.

Se pueden dar básicamente 6 escenarios diferentes:

1. **Vela alcista grande**: indica que los compradores controlan el comercio la mayor parte del tiempo.
2. **Vela bajista grande**: Indica que los vendedores controlan el trading casi todo el tiempo.
3. **Velas pequeñas**: indican que ni compradores ni vendedores son capaces de mover el precio.
4. **Sombra inferior larga**: indica que los vendedores controlaron el comercio casi todo el tiempo pero perdieron el control cerca del final de la sesión con el regreso fuerte de los compradores.
5. **Sombra superior larga**: indica que los compradores controlaron el comercio hasta el final de la sesión cuando los vendedores volvieron con fuerza.
6. **Sombras largas tanto inferior como superior**: indica que tanto compradores como vendedores controlaron el comercio durante un período de la sesión pero que ninguno tuvo más fuerza que el otro.

Las velas japonesas se clasifican y reciben diferentes nombres dependiendo de la longitud del cuerpo, la existencia o no existencia y la longitud de las sombras.

La longitud del cuerpo muestra la fuerza de movimiento diario de los precios, pudiendo recibir de este modo tres diferentes definiciones: corto, normal o largo.

 Las velas de cuerpos pequeños (peonzas) o las velas sin cuerpos (Doji), reflejan la inestabilidad del mercado.

Cuando los precios de apertura, máximo, mínimo y de cierre son todos iguales, se forma un Doji. Un Marubozu es un cuerpo blanco (sin relleno) o negro que carece de sombra superior, inferior o de ambas sombras.

El color del cuerpo representa el grupo que ostenta el control del mercado de ese día, es decir, si el cuerpo es blanco hace referencia a los compradores y si es negro, a los vendedores.

Los patrones que se interpretan y analizan conjuntamente, son un conjunto de velas japonesas, formados por dos, tres, cuatro o cinco velas sucesivas. Los más comunes, son los patrones formadas por dos velas.

Los patrones formados por cuatro o cinco velas son raramente usados.
La mayoría de los patrones presentan una forma simétrica.
Los patrones alcistas (toro) tienen sus homólogos en forma de patrones bajistas, pero presentan diferentes colores en el cuerpo y ubicaciones relativamente distintas. Sin embargo, existen algunos patrones que incumplen dicha regla de simetría.

Las velas japonesas proporcionan información valiosa sobre la psicología y la dinámica de precios subyacente del mercado, sobre todo cuando se interpretan individualmente a la luz de toda información posible y hechos fundamentales sobre acción relacionada. Particularmente, las velas japonesas observadas en significativos niveles de resistencia o de apoyo, merecen considerarse como señales de reversión alcista o bajista. Sin embargo, siempre ha de observarse la dirección de la tendencia anterior de las velas.

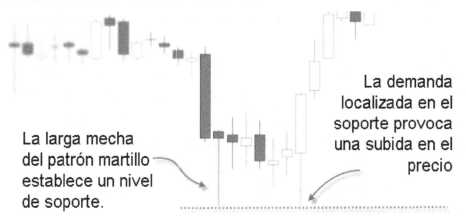

La larga mecha del patrón martillo establece un nivel de soporte.

La demanda localizada en el soporte provoca una subida en el precio

Los patrones de velas japonesas deberían funcionar en todos los marcos temporales, porque la dinámica del mercado está detrás de su construcción y es la misma en todos los gráficos.

No obstante, cuando se utiliza un marco temporal muy corto, como el gráfico de un minuto o cinco minutos se debe tener en cuenta que hay más ruido que distorsiona, y que los precios de apertura y cierre de las velas no tiene tanta relevancia e importancia como en el gráfico diario.

Por tanto resulta de mayor eficacia la utilización y lectura del patrón de velas japonesas en time Frames diarios o superiores.

>>> MUY IMPORTANTE<<<

En Forex las velas presentan una debilidad estructural: dado que su actividad se desarrolla las 24 horas del día, realmente no hay apertura y cierre de la sesión como en otros mercados.

 Las velas ofrecen un nivel de objetividad ausente en otros tipos de gráficos pero debe esperar siempre a que la vela cierre antes de lanzarse a abrir una posición.

Sabiendo que el patrón de velas puede variar mucho durante su formación y que sólo se confirma cuando la sesión ha finalizado, el trader tiene una razón imperativa para permanecer fuera del mercado y esperar una confirmación al cierre de la vela.

Cumplir este precepto evitará muchas interpretaciones erróneas y muchos disgustos al trader iniciado

Un Breve Repaso Histórico.

Según la leyenda, un comerciante japonés llamado Homma Munehisa desarrolló los gráficos de velas japonesas en el siglo XVIII para analizar los precios del arroz y gracias a este método, adquirió una gran fortuna.

Homma durante el proceso de desarrollo de los gráficos de velas se basó en los "Cinco Patrones de Velas de Sakata", patrones derivados de las reglas utilizadas por los comerciantes locales de su ciudad natal, Sakata.

Está técnica de gráficos es conocida en Japón por mucho tiempo. Steve Nison fue quien introdujo los gráficos de velas en el mundo occidental.

Cada candela representa 24 horas en un cuadro diario, TF D1
Cada candela representa 60 minutos en un cuadro de 1 hora, TF H1
Cada candela representa 240 minutos en un cuadro de 4 horas, TF H4

y así...

Una candela negra o verde (alcista) significa que, durante el período evaluado, el mercado ganó valor (se apreció).

Mientras que una candela blanca o roja (bajista)significa que, durante el período evaluado, el mercado perdió valor (se depreció).

El objetivo principal de de los patrones de candelas es el lograr identificar posibles retracciones del mercado o algunos otros patrones de precio ANTES de que sucedan. O al menos lo más cercano posible al momento del evento

Algunas características

> ➢ Una vela japonesa puede verse como la representación gráfica de la lucha entre los compradores y los vendedores en un determinado período de tiempo

> ➢ Los patrones de velas japonesas suelen tener una implicación a corto plazo.

➢ Las velas japonesas no reflejan la sucesión de eventos ocurridos durante la sesión de trading que representan.

Por ejemplo, no podemos saber viendo una vela japonesa si primero se alcanzó el máximo o el mínimo, es decir, no nos informan de la secuencia máximo-mínimo.

Sin embargo podemos utilizar los patrones formados por las mismas para analizar el mercado a través de sus formas características.

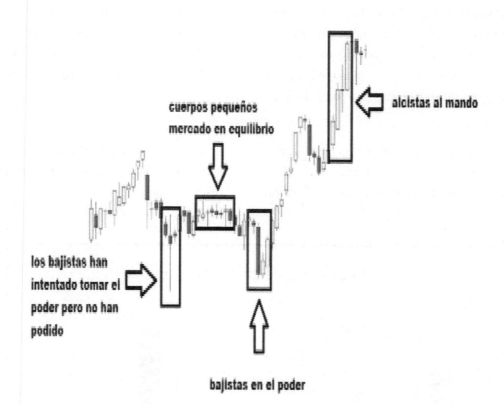

Fusión de velas japonesas

Los patrones de velas japonesas pueden estar compuestos por una o más velas y estas velas pueden unirse entre sí para formar una única vela.

Esta unión o fusión de las velas japonesas capturan la esencia del patrón que las contiene. La fusión de las velas japonesas que forman un patrón se realiza tomando como precio de apertura el precio de apertura de la primera vela, como precio de cierre se toma el precio de cierre de la última vela, como máximo se toma el máximo mayor de todas las velas y como mínimo se toma el mínimo menor entre todas las velas (máximo y mínimo del patrón). El resultado será una vela japonesa que captura la esencia del patrón.

Por ejemplo:

Al fusionar las dos velas que forman un patrón envolvente alcista (patrón Bullish Engulfing) se forma una vela tipo Hammer indicativo de posible cambio alcista, igual significado que el Bullish engulfing.

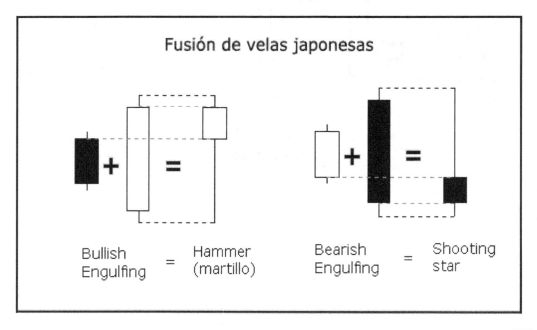

Al fusionar las tres velas que forman el patrón tres soldados blancos alcista se forma una vela tipo marubozu indicativo de continuación alcista, igual significado que los tres cuervos negros.

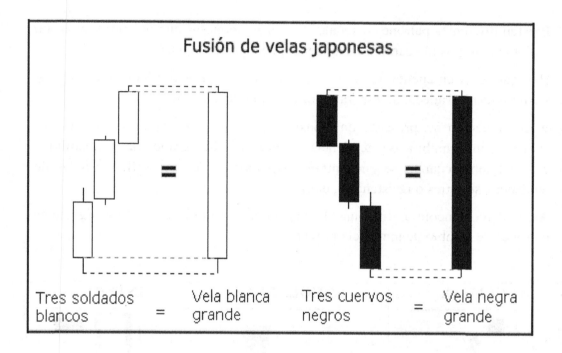

3.5.1- Patrones de reversión y cambio.

Existen diferentes patrones o señales de velas japonesas que nos pueden dar un indicio de un posible cambio de tendencia de bajista a alcista.

Hay que tener en cuenta que éstos no son 100% seguros o infalibles por lo que siempre resulta adecuado esperar confirmación del patrón.

A continuación se presenta una clasificación de velas japonesas los cuales sugieren un cambio de tendencia con un alto grado de probabilidad especialmente cuando se encuentran en puntos clave del gráfico (finales de tendencia, soportes o resistencias, etc.).

Asi podemos encontrar en zonas de alta probabilidad de reversa, los siguientes patrones de cambio de tendencia previa:

CLIMAX	ENVOLVENTE	INTERNA
1- reversión alcista 2- reversión bajista	1-rev. bajista 2-rev. alcista	1- rev. bajista 2- rev. alcista

PATRÓN DE VELAS CLIMAX (GATILLO DE ENTRADA)

Una vela climax indica el fin de una tendencia previa porque indica que el precio encuentra una resistencia o soporte a la continuidad del precio y este es rechazado.

El patrón climax encontrado en un periodo temporal superior indica un cambio de tendencia previa en un marco temporal inferior.

Figura 3.- Gatillo Clímax

Ejemplo de un patrón de vela climática previo a cambio tendencial:

PATRÓN DE VELAS INTERNA (GATILLO DE ENTRADA)

En este patrón es muy importante que se produzca en zonas muy establecidas de soporte o resistencia tras una clara tendencia previa, dado que también podemos encontrarlas en consolidaciones dentro del seguimiento de la tendencia, como correcciones del precio.

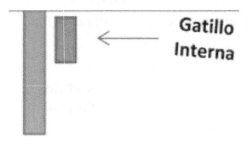

Figura 1.- Gatillo Interna

Ejemplo de patrón de vela interna en consolidación y continuación de tendencia

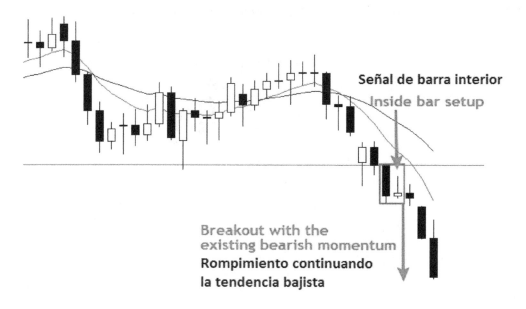

Y sin embargo coincidiendo con una zona sobrevendida y considerada zona soporte nos ha dado el gatillo de entrada en un cambio de tendencia:

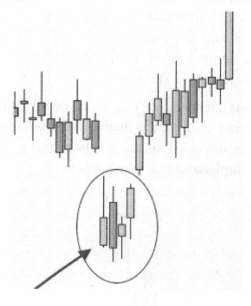

PATRÓN DE VELAS ENVOLVENTE (GATILLO DE ENTRADA)

El Engulfing pattern o Patrón envolvente está considerado uno de los indicadores de vuelta más importantes, ya que puede ser utilizado de manera individual para entrar o salir del mercado sin necesidad de confirmación por otro indicador. Aunque siempre es recomendable reforzar la decisión de entrada con l confirmación de algún otro indicador

El Patron envolvente está formado por dos velas, de tal modo que el cuerpo de la segunda vela debe tener un máximo mayor y un mínimo menor que la vela anterior y, además, una dirección opuesta a la primera; de esta forma da la ilusión que envuelve completamente a la primera vela.

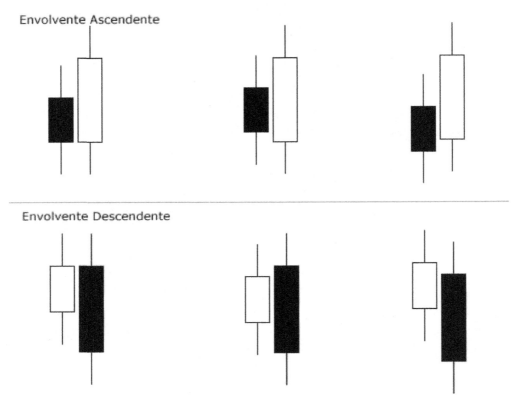

Una importante condición añadida para la confirmación de esta señal del análisis técnico es que debemos encontrarnos en una tendencia ya sea alcista o bajista, la cual viene indicada por la primera de las dos velas. Es decir, si nos

108

encontramos dentro de una tendencia alcista la primera vela será blanca y la segunda será negra; y lo contrario en caso de una tendencia bajista en la gráfica.

Asi encontraríamos el gatillo de entrada envolvente en una reversa de descenso de los precios

Figura 2.- Gatillo Envolvente

Ejemplo de cambio de tendencia previa con patrón envolvente alcista (bullish engulfing) y bajista (bearish engulfing):

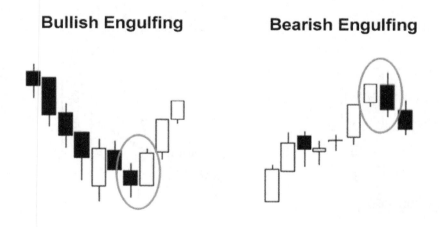

Asi funciona el **PATRÓN DE CAMBIO VELA ENVOLVENTE:**

Envolvente alcista Engulfing bullish	Envolvente bajista Engulfing bearish
Cambio ALCISTA Fiabilidad alta	Cambio BAJISTA Fiabilidad alta

Son patrones de cambio de tendencia o reversión en los que la vela siguiente envuelve por completo a la vela anterior y cambia su tendencia de crecimiento.

Así por ejemplo veremos si existe una tendencia alcista previa esta nueva vela cerrará por debajo de la apertura de la vela precedente, envolviéndola.

Por el contrario si existe una tendencia bajista previa, la nueva vela cerrará por encima de la apertura de la vela bajista precedente.

Podríamos ponernos a decir que:

- Los patrones de reversión en un único periodo se llaman hammer, hanging man o shooting star…

- Los patrones de reversión de dos días son conocidos como engulfing, piercing, harami… etc.

No vale la pena aprenderse los nombres (son nombres con muy poca utilidad). Lo que importa es el concepto subyacente: que el precio está girando.

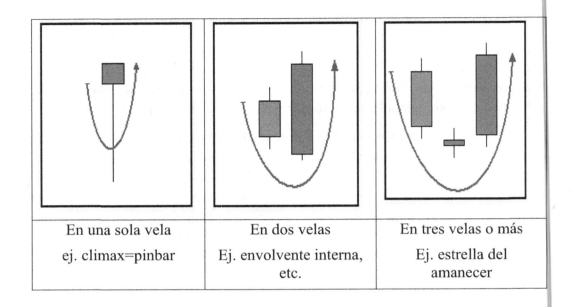

En una sola vela	En dos velas	En tres velas o más
ej. climax=pinbar	Ej. envolvente interna, etc.	Ej. estrella del amanecer

La confirmación de giro nos lo puede dar un patrón de velas japonesas

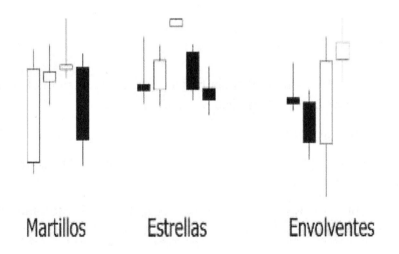

Martillos   Estrellas   Envolventes

En realidad si dividimos una vela de cuerpo largo en tres partes iguales, superior, media e inferior, y valoramos donde cierra la vela que se forme a continuación, podremos determinar si existirá presión de cambio de tendencia o de continuación de tendencia según donde haga el cierre la vela siguiente.

Así:

- Si tras una vela de gran rango bajista encontramos una vela cuyo cierre supere el 60% del cuerpo de la vela anterior y esté en el tercio superior de la vela previa tendrá connotaciones de posible cambio o reversión del precio.

- Igualmente si la vela es alcista y la vela siguiente recorre más del 60% cerrando en el tramo del tercio inferior iniciará un probable cambio a tendencia bajista.

- Si la vela que se forma sin embargo se inicia o acaba en el tramo medio de la vela anterior se considera una vela neutra que no termina de determinar nada concreto.

❖ **Marubozu: vela tendencial.**

Las velas japonesas más potentes son las conocidas como **marubozu.**

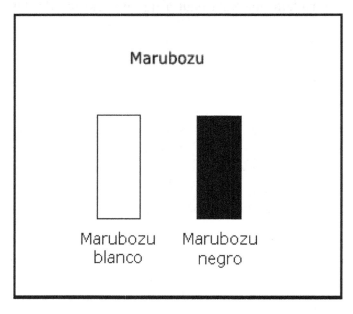

Una vela tipo marubozu puede ser alcista o bajista y su característica principal es no tener sombras.

El cuerpo es grande y el máximo y mínimo coinciden con los precios de apertura y cierre por lo que no existen las sombras de la vela.

Una vela tipo Marubozu blanca (alcista) indica que los compradores han dominado completamente el mercado durante todo el período en el que se ha formado la vela; por el contrario, una vela tipo Marubozu negra indica lo contrario, que los vendedores han dominado el mercado.

❖ **Spinnig tops: vela neutra o de indecisión**

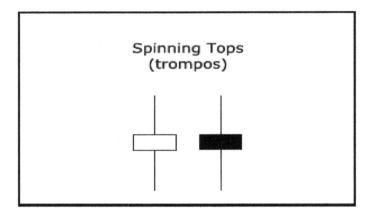

El **spinning tops** es una vela con sombras largas, tanto superior como inferior, y un cuerpo pequeño.

Los trompos son velas que representan indecisión en el mercado ya que durante el transcurso de la sesión el precio ha ido bastante más allá del precio de apertura tanto hacia arriba como hacia abajo y cerca del cierre de la sesión el precio volvió cerca del precio de apertura.

Es decir, hay poco movimiento del precio, marcado por la distancia corta entre la apertura y el cierre, mientras que las dos sombras largas indican que tanto los compradores como los vendedores estuvieron bastante activos pero ninguno tuvo la fuerza suficiente para dominar al otro.

Un trompo formado tras una larga vela blanca sugerirá que la debilidad de los compradores aumenta y puede haber un cambio o estancamiento del movimiento al alza.

En el otro lado, un trompo formado tras una larga caída sugiere que los vendedores están exhaustos y puede llegar un cambio al alza o una parada en la tendencia   bajista.

❖ Hammer e Inverter Hammer : Martillo y Martillo Invertido

Así "Hammer" ,velas con sombras inferiores largas son un signo de advertencia de que puede que no haya suficiente oferta en los niveles superiores para seguir impulsando el tipo de cambio a la baja formados tras una caída son patrones de cambio alcista .

Así también es patrón de cambio alcista la formación de un martillo invertido.

Mientras que "Shooting Star" y "Hanging Man" formados tras una subida son patrones de cambio bajista.

Martillo	Martillo invertido
Alcista. Fiabilidad baja-moderada	**Alcista. Fiabilidad baja**

Interpretación:

> **El Hammer (martillo)**

Es un patrón de cambio de tendencia alcista que se forma tras una tendencia bajista.

Un Hammer puede marcar niveles de soporte importantes.

Tras la caída, el Hammer es señal de un regreso de la presión alcista. La sombra inferior larga implica que los vendedores estuvieron activos durante la sesión pero finalmente hay una fuerte recuperación causada por la vuelta fuerte de los compradores.

No obstante, el mínimo de la sesión alejado del nivel de apertura indica que aún hay muchos vendedores en el juego y, por tanto, es necesario confirmar el cambio pronosticado.

Esta confirmación puede venir por un aumento del volumen y la formación de una vela alcista grande posterior.

Ejemplo:

Hammer (bullish)

> **El Inverted Hammer, o martillo inverido**

Es el similar en su aspecto a la vela Shooting Star, pero se forma tras una caída o tendencia bajista.

Tras la caída, la larga sombra superior indica que los compradores entraron en juego con fuerza y, aunque los vendedores fueron capaces de devolver el precio abajo formando la sombra larga superior, la presión alcista ha sido notable.

Debido a que los vendedores aún tienen una fuerza relativamente alta, es necesario confirmar el cambio de tendencia que puede darse por la formación de una vela alcista grande posterior con alto volumen.

Ejemplo:

Inverted Hammer

>> LARGA SOMBRA INFERIOR

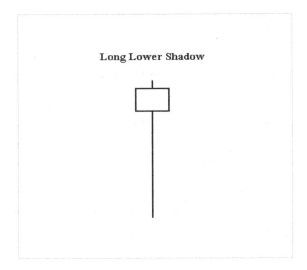

Long Lower Shadow

Las velas con sombras largas muestran que la negociación se produjo más allá de la apertura y el cierre.

La larga sombra inferior es un patrón de cambio alcista con una fiabilidad alta.

Aparece tras una marcada tendencia bajista formando un cuerpo de vela real (independientemente que sea alcista o bajista) pero con una sombra extremamente más larga que las pautas de sombrar largas habituales.

Es similar a las velas martillo, doji, libélula, pero con una sombra inferior más larga.

Esta formación se produce cuando en niveles de soporte importantes se producen una avalancha de ventas que bajan la cotización hasta zonas de sobreventa o zonas de control importante, pero que a lo largo de la sesión diaria son contrarrestadas y corregidas por una gran cantidad de órdenes de compra que estaban acumuladas en los niveles inferiores y finalmente regresan produciéndose el cierre con un precio en niveles cercanos, similares o superiores al precio de apertura y dejando una sombra inferior muy larga y un cuerpo real en la parte superior.

Por si mismo indica reversión y es una vela importante de cambio, con una fiabilidad mayor si va acompañada de un incremento grande de volumen de contratos negociados (que indica participación de trading institucional)

>> LARGA SOMBRA SUPERIOR

Las velas con sombras largas muestran que la negociación se produjo más allá de la apertura y el cierre.

La larga sombra superior es un patrón de cambio bajista con una fiabilidad alta.

Aparece tras una marcada tendencia alcista formando un cuerpo de vela real (independientemente que sea alcista o bajista) pero con una sombra extremamente más larga que las pautas de sombrar largas habituales.

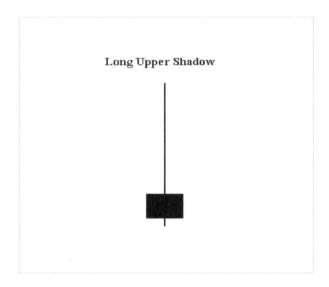

Es similar a las velas hombre colgado,estrella fugaz, martillo invertido doji lapida etc. pero con una sombra superior más larga.

Esta formación se produce en patrones de vela diarios cuando tras una tendencia alcista previa, y coincidiendo principalmente con niveles de resistencia importantes se inicia una avalancha de ordenes de compra que suben la cotización hasta zonas de sobrecompra o zonas de control importante, pero que a lo largo de la sesión diaria son contrarrestadas y corregidas por una gran cantidad de órdenes de venta que estaban acumuladas en los niveles superiores y finalmente regresan produciéndose el cierre con un precio en niveles cercanos, similares o inferiores al precio de apertura y dejando una sombra superior muy larga y un cuerpo real en la parte inferior.

Por si mismo indica reversión y es una vela importante de cambio, con una fiabilidad mayor si va acompañada de un incremento grande de volumen de contratos negociados (que indica participación de trading institucional)

Cuanto más larga sea la sombra larga en ambas formaciones, sombra superior o sombra inferior, más importancia adquiere su significado.

Pero cuando operemos con ellas, hay que esperar una confirmación. Si la siguiente vela además de color negro, cierra muy por debajo del cierre de de la larga sombra superior confirma la entrada para nuestro trading bajista con alta probabilidad. Esta es la confirmación que esperábamos para operar

Ejemplos de comportamiento del precio en patrones de velas con largas sombras:

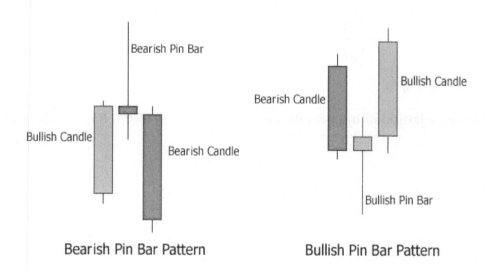

❖ **Estrella fugaz y Hombre colgado**

Son patrones que indican posible cambio de tendencia cundo los encontramos en zonas de soporte y resistencias y aparecen tras tendencias previas consolidadas

Las sombras superiores largas siempre son un signo de advertencia de que puede que no haya suficiente demanda en los niveles superiores para seguir impulsando el tipo de cambio al alza.

Estrella fugaz	Hombre colgado
Bajista. Fiabilidad baja-moderada	**Bajista. Fiabilidad baja moderada**

Interpretación:

Estrella fugaz

Es un patrón de cambio bajista que se forma tras una tendencia alcista o subida del precio y se forma en posición star (hay un gap entre el cierre anterior y la apertura de la shooting star).

 El color del cuerpo puede ser blanco o negro pero lo importante es que tiene una sombra superior larga que, unida al gap al alza, indican que ha habido una fuerte presión alcista pero que finalmente la sesión cerró bastante más bajo que los precios alcanzados durante la sesión.

 La longitud de la sombra superior debe ser al menos dos veces la longitud del cuerpo. La confirmación del cambio bajista dado por la shooting star puede ser por la formación de una vela bajista grande posterior y alto volumen.

Ejemplo:

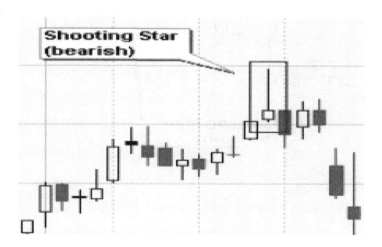

El hombre colgando o Hanging Man

Es análogo al martillo pero con pronóstico de cambio bajista.

El Hanging Man se forma tras una subida o tendencia alcista e indica que la presión bajista está aumentando.

La sombra inferior larga indica que los vendedores han sido capaces de bajar los precios bastante durante la sesión y, aunque los compradores han llevado de vuelta el precio hacia arriba al final de la sesión, la entrada de los vendedores ha sido fuerte.

Al igual que el Hammer, el Hanging Man necesita confirmación posterior como sería la formación de una vela bajista grande posterior al Hanging Man.

Ejemplo:

126

❖ **Las velas Doji**

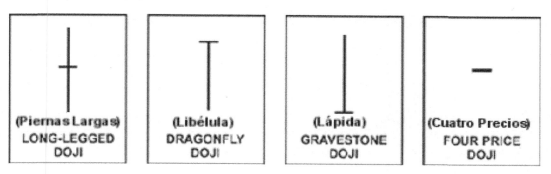

Lo más importante es comprender que una Doji refleja un empate total entre compradores y vendedores;El precio sube y baja durante la sesión representando la lucha entre compradores y vendedores pero finalmente ningún grupo cede y la sesión acaba cerrando prácticamente en el mismo nivel de apertura.

La relevancia que tiene una vela Doji en su lectura depende de la tendencia anterior o de las velas que la preceden.

Tras una subida o una vela alcista larga, la vela Doji indicará que la presión alcista está agotándose.

En el otro extremo, tras una caída o tras una vela bajista larga, la vela Doji señalará que la presión bajista está disminuyendo.

Doji largas piernas	Doji lápida	Doji libélula
INDECISIÓN	**BAJISTA**	**ALCISTA**
Fiabilidad moderada	Fiabilidad moderada	Fiabilidad alta

Interpretación:

➤ **La vela Doji largas piernas**

Tiene largas sombras, superior e inferior, ambas prácticamente iguales en longitud es conocida como long-legged Doji (algo como "Doji piernilarga") .

Estos tipos de Doji reflejan una gran indecisión en el mercado ya que los precios han recorrido larga distancia tanto hacia arriba como hacia abajo, pero cerraron prácticamente en el mismo nivel de apertura.

Ejemplo:

➢   **Doji tipo Gravestone** (o lápida)

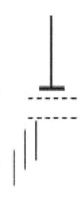

Se forma cuando el precio de apertura, el mínimo y el precio de cierre son iguales creando una vela con una larga sombra superior. La vela resultante es como una "T" invertida con sombra superior larga y sin sombra inferior.

La Gravestone indica que los compradores dominaron la sesión hasta el final cuando los vendedores empujaron al precio hacia abajo cerrando la sesión prácticamente al mismo precio que el precio de apertura y mínimo de la sesión.

 La vela Gravestone tiene pronóstico de cambio al mostrar que el empuje de los compradores ha sido notable, aunque no haya podido mantenerse, hay evidencias de presión bajista.

Ejemplo:

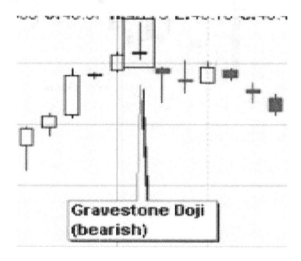

Gravestone Doji (bearish)

> **Dragon fly** (o libélula)

Es una variación de la vela Doji que se forma cuando el precio de apertura, el máximo y el cierre de la sesión son prácticamente iguales y el mínimo de la vela forma una larga sombra inferior; esta vela no tiene sombra superior.

La imagen del dragon fly es como una "T". El dragon fly indica que los vendedores dominaron el mercado durante toda la sesión hasta el final cuándo los compradores volvieron con fuerza llevando al mercado al nivel de inicio

. Las velas tipo Doji Dragon Fly indica un posible cambio que dependerá de la acción del precio previa y de la confirmación futura.

Ejemplo:

❖ **Cubierta de nueve oscura y Línea penetrante semi-engulfing pattern).**

Son patrones de cambio de tendencia y reversión.

>> PAUTA PENETRANTE o PIERCING LINE

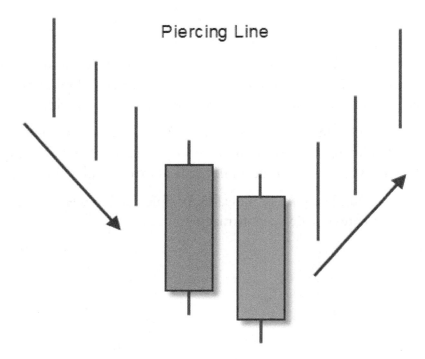

Los patrones gráficos de cambio de tendencia atendiendo al comportamiento de las velas japonesas, son grandes aliados a la hora de identificar puntos clave donde va a reaccionar la cotización de un activo o un mercado cuando estudiamos un gráfico

La formación de dos velas denominada "Pauta Penetrante" (Piercing Line) es la inversa de la "cubierta de nube oscura" (dark cloud cover). Pronostica un cambio de tendencia hacia el lado alcista tras una marcada tendencia bajista y por ello se debe tener en cuenta sólo cuándo aparezca durante una tendencia bajista previa.

La primer vela debe ser una vela bajista de rango largo es decir de gran recorrido, tipo marubozu o similar seguida de una segunda vela en este caso alcista.

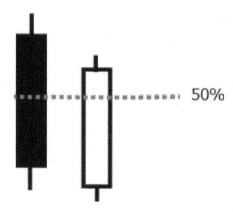

La segunda vela, tendría una apertura por debajo de los mínimos demostrados por la primera vela del patrón gráfico, pero el precio es rechazado claramente al alza llegando a cerrar la segunda vela por encima de la mitad del rango anterior.

Cuanto más abajo abra la segunda vela alcista y cuanto más se adentre en el cuerpo de la vela bajista previa más validez tendrá el cambio de tendencia.

Para tomar en consideración la señal de cambio alcista generada por el patrón de perforación, o "piercing line", es recomendable confirmar dicha señal con otros indicadores o herramientas de análisis.

Por ejemplo:

- La rotura sobre una línea de tendencia bajista.

- Una media móvil como 50 o 200 sesiones.

- Un nivel de "pivot point" en diario o semanal.

- Un punto de control clave ya sea de precio o de volumen. Puede ayudar a confirmar la señal si se observa un mayor volumen durante la formación de la segunda vela del patrón, señal de que el volumen comerciado por los compradores que intervienen en la formación de esta vela es mayor.

No hay que confundir este patrón penetrante con el patrón de velas "envolvente alcista", dado que la diferencia es que en este caso no se termina de sobrepasar el cuerpo por arriba de la vela anterior, simplemente supera en el 50% el cuerpo de la vela precedente, lo cual ya es un giro de tendencia en si mismo en periodos temporales inferiores.

>> CUBIERTA DE NUBE OSCURA O " DARK CLOUD COVER"

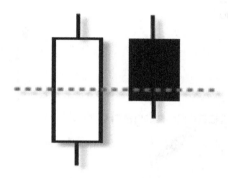

cubierta de nube
oscura forex

La Cubierta de nube oscura (dark cloud cover) es una pauta de dos velas que sugiere un cambio de tendencia de alcista a bajista. Para que se produzca esta formación, la tendencia previa debe ser alcista. Este patrón es el inverso de la"Pauta Penetrante" (Piercing Line).

Pronostica un cambio de tendencia hacia el lado bajista tras una marcada tendencia alcista y por ello se debe tener en cuenta sólo cuándo aparezca durante una tendencia alcista previa. Por tanto si la cubierta de nube oscura aparece en mitad de un movimiento lateral pierde las implicaciones aquí citadas.

La explicación es que el mercado se mueve en una tendencia alcista previa y la primera vela del patrón, es decir el primer cuerpo blanco refuerza esta opinión.

Al día siguiente se abre el mercado con máximos formando huecos (gaps) en la parte superior, demostrando que el dominio de los alcistas persiste.

Después de esta apertura muy alcista, los bajistas deciden tomar la iniciativa: como resultado, los precios empiezan a bajar al nivel por debajo del cierre del día anterior (vela precedente).

Ejemplo de reversión bajista tras patrón de nube oscura. (nótese la presencia de una fuerte resistencia previa en el punto de formación así como la confirmación con un divergencia bajista en los indicadores.

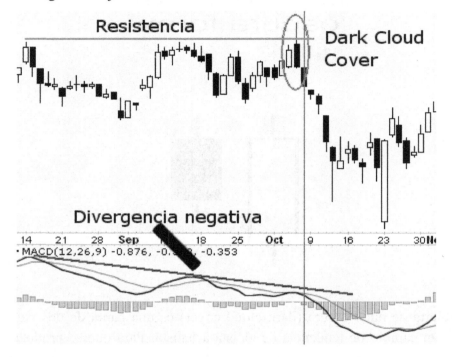

Consideraciones:

- Cuanto más grandes sean los cuerpos de ambas velas, más fuerza tiene la figura.

- Cuanto mayor sea la penetración de la vela negra en la blanca, más fuerza tiene este patrón. Por esta razón una envolvente bajista es una figura más fuerte que una nube oscura.

- El punto más alto del patrón (incluyendo las sombras de las 2 velas) debe considerarse como una zona de resistencia.

Línea penetrante Piercing line	Cubierta de nube oscura Dark-cloud
Cambio ALCISTA Fiabilidad alta	Cambio BAJISTA . Fiabilidad alta

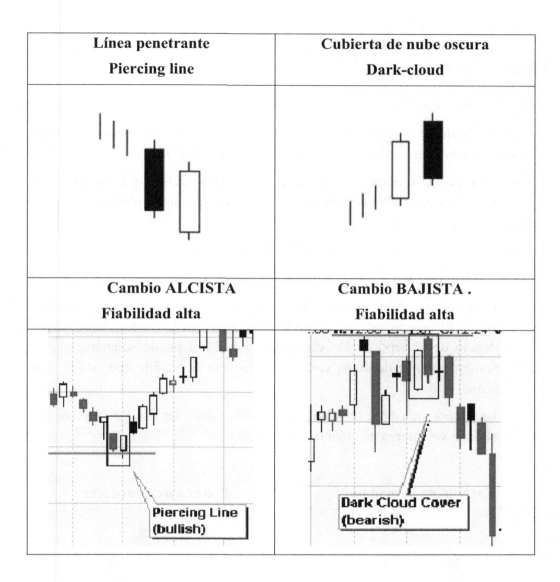

OTRAS FORMACIONES:

❖ **Estrellas (stars).**

Son patrones de cambio de tendencia o reversión que se completan y al estar formados por una tercera vela o más que confirman la formación.

La estrella de la mañana es una figura de **vuelta alcista**, por lo que debe aparecer al final de una tendencia bajista y no es relevante si aparece en mitad de un movimiento lateral.

La estrella del amanecer está compuesta por 3 velas:

- La primera debe ser una vela negra con cuerpo grande.

- La segunda vela debe tener el cuerpo pequeño, y puede ser de cualquier color. El cuerpo de esta segunda vela debe quedar completamente por debajo del cuerpo de la vela negra, aunque sí puede solaparse con la sombra inferior de dicha vela negra. Incluso es posible que esta 2ª vela sea un doji.

- La tercera vela debe ser blanca y su cuerpo debe ser similar o mayor que el de la vela negra en cuanto a tamaño:

Estrella de la mañana	Estrella del atardecer
Cambio ALCISTA	**Cambio BAJISTA**

El mínimo marcado por el conjunto de las 3 velas, sombras incluidas, se considera zona de soporte.

Ejemplo de estrella del amanecer

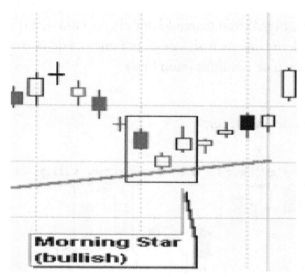

Por el contrario Estrella del Atardecer (Evening Star) es una formación de velas japonesas que representa un cambio de tendencia bajista.

-   La primera vela es de cuerpo grande y blanca que se produce en plena tendencia alcista.

-   La siguiente vela es de cuerpo mucho menor cuyo cierre y apertura están más altos, siendo independiente si es blanca o negra.

-   La tercera vela es negra, abre por debajo del cierre anterior y cierra dentro del cuerpo de la primera vela.

Es una pauta bajista cuya significación aumenta si se produce en zonas de resistencia.

Una vez que se ha producido, la cota más alta, es decir, el máximo de la vela intermedia es la referencia a tomar en el caso de romper al alza.

139

Pero lo más probable en esa formación es un cambio de las alzas por las bajas, clarificando mucho la situación una confirmación de una cuarta vela con cierre más bajo y especialmente si abre con gap bajista.

No siempre es fácil de confirmar siendo útil sintetizar en una sola vela el conjunto de la formación de tres con el fin de tomar más pistas acerca de su evolución.

A la hora de operar el máximo marcado por el conjunto de las 3 velas, sombras incluídas, se considera zona de resistencia por encima de la cual situaremos nuestra parada en caso de pérdidas (stop loss)

Ejemplo de estrella del atardecer:

Estrella el amanecer morning (doji) star	Estrella del atardecer evening (doji) star
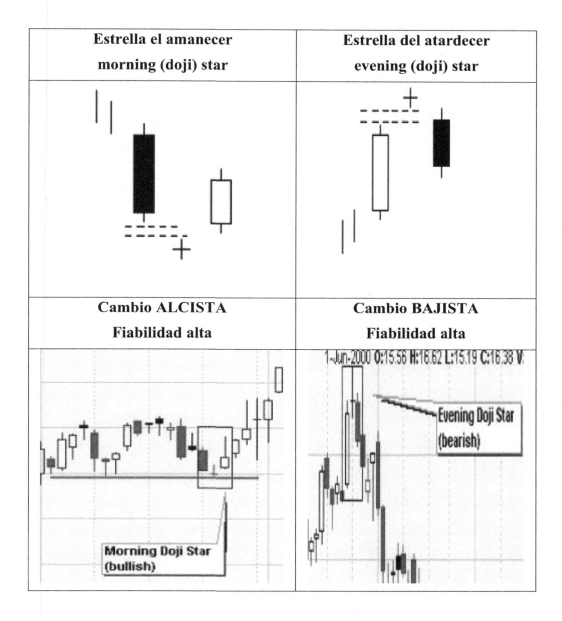	
Cambio ALCISTA Fiabilidad alta	Cambio BAJISTA Fiabilidad alta

A TENER EN CUENTA:

EXISTEN MULTITUD DE FORMACIONES Y PATRONES DE VELAS JAPONESAS (MÁS DE 200 FORMACIONES CON NOMBRES TAN EXTRAVAGANTES COMO

- **PEQUEÑA GOLONDRINA OCULTA**

Vela negra envolvente

Martillo Invertido

Como negociarla:

Al tratarse de una formación en la que se observa es como el mercado bajista se va debilitando y aunque produce inicialmente velas de cuerpo bajista y con cierres cada vez mas bajos pero que ya presenta perdida de presión bajista , incluso en una zona de soporte algún coletazo de índole alcista que se observa en ese martillo invertido (la formación de una vela martillo invertido indica que   el precio en algún momento dentro de ese periodo fue alcista (hizo un rebote alcista , pero que antes del cierre de mismo la presión bajista logro que la cotización bajara y al final el patrón acabo cerrando por debajo de la apertura, pero ya en si refleja un interés alcista, por tanto en la siguiente vela nos da la confirmación de cambio de reversa alcista con una formación de tipo envolvente en una zona de soporte previamente testeada al alza (martillo invertido). La entrada de nuestra negociación mas adecuada se produciría a la compra en la apertura de la siguiente vela después de la formación de estas cuatro velas que forman la golondrina escondida. Eso sí , dado que aún se observa cierta presión

143

bajista tendremos la precaución de colocar nuestro stop loss por debajo de losminimos mas cercanos como se observa en la siguiente imagen.

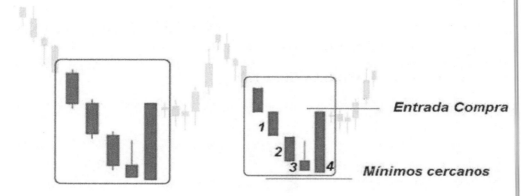

'

- **BEBE ABANDONADO**

Esta formación es muy similar a la estrella del atardecer (en un entorno de reversa a la baja) y a una estrella del amanecer (en caso de reversa al alza) y se negocia igual que ellas. La diferencia es que en este caso incluso podemos observar un pequeño hueco o gap en la formación entre las velas laterales y la pequeña formación central. Se da más en Bolsa que en Forex, dado que en este último el mercado es contínuo las 24 horas y no se producen tantos gaps de apertura.

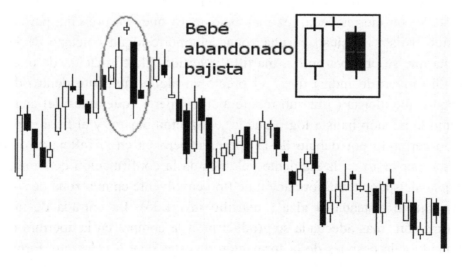

- **CUBIERTA DE NUBE OSCURA**

La Cubierta de nube oscura (dark cloud cover) es una pauta de dos velas que sugiere un cambio de tendencia de alcista a bajista. Para que se produzca esta formación, la tendencia previa debe ser alcista.

Indica reversión bajista en una zona de resistencia . Con esa tendencia llega un momento que se produce una vela grande de cuerpo blanco (cierra por encima de la apertura). La siguiente vela abre por encima de los máximos del día anterior pero se da la vuelta y termina siendo una vela negra (cierre por debajo de la apertura) que cierra dentro del cuerpo de la vela anterior y necesariamente por debajo de la mitad del cuerpo de la vela blanca. Si el cierre fuese por debajo de la vela blanca por completo se trataría de la "envolvente bajista" que es otra figura igualmente de cambio de tendencia a bajista.

Si observas podemos tratarla en la negociación como si se tratara que una variante de una vela (casi envolvente) que regresa y supera más del 60% de su vela anterior cerrando en el tercio inferior de la previa y que se produce en una zona de resistencia como hemos visto en capítulos anteriores por tanto refleja cierta tendencia del precio a su retroceso en un determinado nivel de resistencia por tanto su negociación seria a la venta.

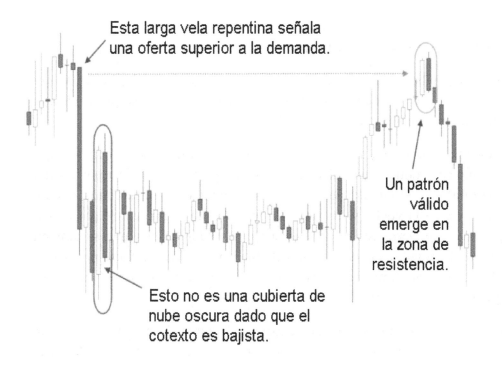

Esta larga vela repentina señala una oferta superior a la demanda.

Un patrón válido emerge en la zona de resistencia.

Esto no es una cubierta de nube oscura dado que el cotexto es bajista.

- **THREE INSIDE UP / THREE INSIDE DOWN**

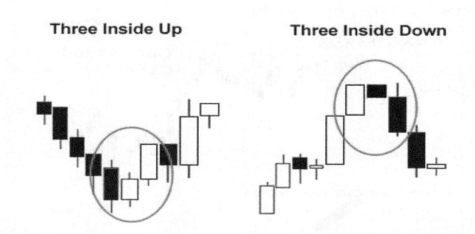

Three Inside Up

Three Inside Down

- **HARAMI**

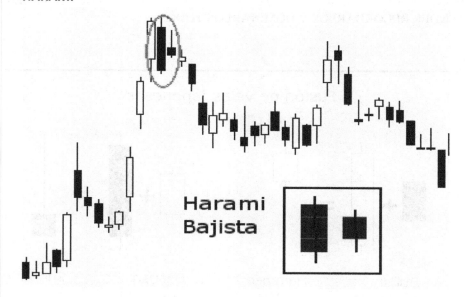

Harami
Bajista

- **PIERCING**

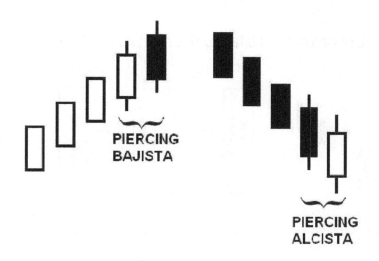

PIERCING
BAJISTA

PIERCING
ALCISTA

LA MAYORÍA DE ELLAS RESULTADO DE LA COMBINACIÓN DE OTROS PATRONES PREVIOS, RESULTANDO CASI IMPOSIBLE ADEMÁS DE UN SINSENTIDO PRETENDER RECORDARLOS Y DOMINARLOS TODOS.

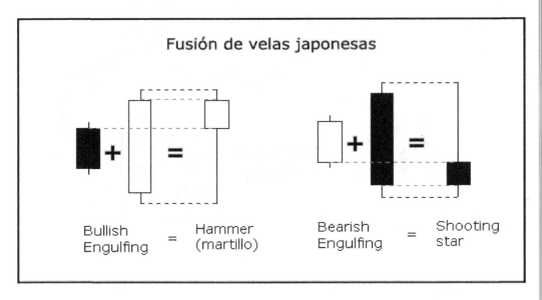

Ejemplo:

AQUÍ HE INCLUIDO LAS MÁS RELEVANTES Y CON UNA MAYOR EFECTIVIDAD EN EL MERCADO.

UN EJEMPLO DE LA COMPLEJIDAD DE ALGUNOS PATRONES LO TIENES EN LA SIGUIENTE FORMACIÓN, A TODAS LUCES INNECESARIA:

Dos Cuervos en Hueco Alcista o Upside-Gap Two Crows.

Patrón de cambio de tendencia o reversión

❖ Tres cuervos negros (bajista) y tres soldados blancos (alcista)

Es un patrón de cambio de tendencia o reversión formado por varias velas , (en este caso tres) en zonas de soporte tras una tendencia bajista ,cada una formando máximos más altos al cierre en caso de los soldados blancos que tan relevancia a la gran presión alcista que provoca la reversa alcista.

En el caso de los tres cuervos negros este patrón de reversa bajista lo encontraremos al rebotar el precio en zonas altas de máximos del precio y en zonas de resistencias, cobra especial significado si ocurre tras una tendencia alcista previa declarada y con señales de agotamiento. La formación de las tres velas se dará con mínimos más bajos al cierre de cada vela.

En realidad si unificamos estas tres velas en un solo patrón **obtendremos una vela alcista o bajista de rango muy amplio similar a las velas marubozu**, por lo que no requieren mucha más explicación

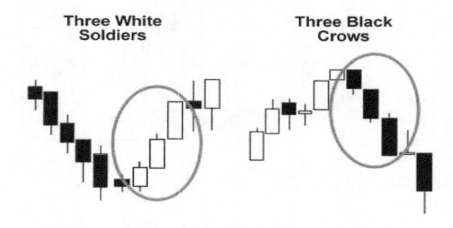

Tres cuervos negros	Tres soldados blancos
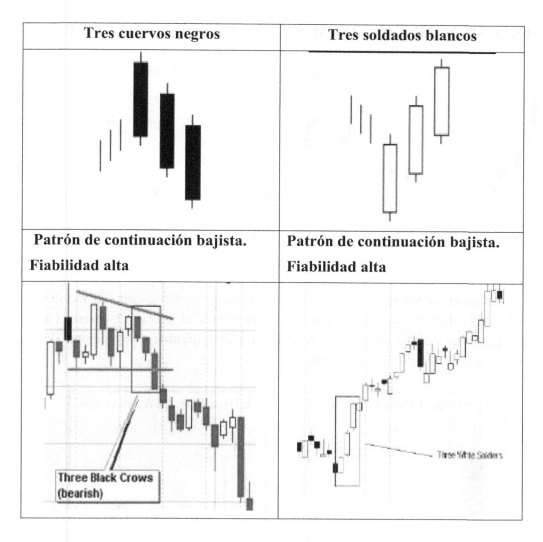	
Patrón de continuación bajista. Fiabilidad alta	Patrón de continuación bajista. Fiabilidad alta

HE INCLUIDO EN ESTE TÍTULO LAS QUE CONSIDERO DE EFICACIA PROBADA PARA BATIR EL MERCADO SI LAS APLICAS CONJUNTAMENTE CON TÉCNICAS DE LENGUAJE DEL PRECIO, VOLUMEN Y RANGO. Puedes encontrar más información y patrones en mi web www.forexlalcancedetodos.com

RESUMEN DE LAS FORMACIONES MAS HABITUALES

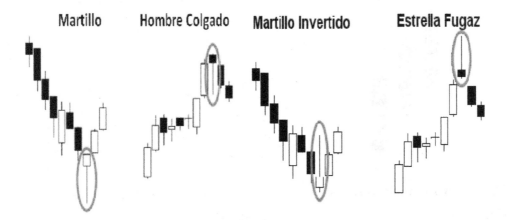

Martillo   Hombre Colgado   Martillo Invertido   Estrella Fugaz

Velas largas y velas cortas. se refiere a la longitud del cuerpo de la vela que es la diferencia entre el precio de apertura y el precio de cierre. La longitud del cuerpo se toma en referencia a los movimientos recientes de precio.(Los cinco o diez días anteriores)

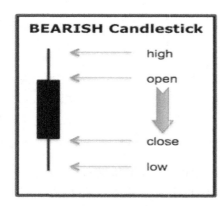

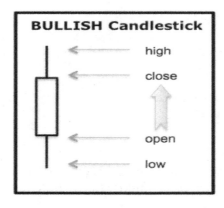

"Marubozu". En japonés "Marubozu" significa casi rapado.
cuerpo de la vela no tiene ninguna sombra superior y/o inferior, o que son muy pequeñas. Marubozu negro -un cuerpo negro y largo sin sombra en unos de sus extremos. A menudo aparece como parte de un patrón de continuación bajista o de un patrón de inversión alcista, aparece sobre

todo durante una tendencia bajista. Una gran vela negra indica una importante tendencia alcista; por eso aparece a menudo el primer día en muchos patrones de inversión de carácter alcista.

Marubozu blanco -un cuerpo blanco y largo sin sombra en unos de sus extremos. Es una vela muy fuerte. A diferencia del Marubozu Negro, a menudo tiende a ser parte de un patrón de continuación alcista o de un patrón de inversión bajista.

- **Ejemplos de FORMACION DE VELAS DE REVERSA**

Son velas que encontraremos habitualmente formando patrones de reversa al alza y a la baja

En zonas de soporte (en caso de reversas al alza)

En zonas de resistencia (en caso de reversas a la baja)

"Doji". Si el cuerpo de la vela es tan pequeño, y que los precios de cierre y apertura son iguales, se trata de Doji. Si la diferencia entre los precios de apertura y cierre no supera algunos ticks (los incrementos mínimos del mercado), esto es más que suficiente.

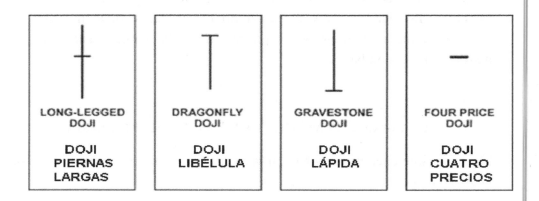

No es tanto el significado del doji que se forma en si (aunque podemos extraer mucha información de las mechas o incluso si lo conjugamos con la información que nos aporta el volumen negociado asociado a esa vela, con lo cual nuestro análisis será mucho más completo) sino DÓNDE SE FORMA ESTE DOJI, teniendo muchísima más relevancia para comenzar a pensar en agotamientos de la tendencia previa, debilidad subyacente de los mercados, indecisiones y posibles reversas del precio cuando este se produce especialmente en zonas de soportes y resistencias, mientras que si se observan en la mitad de una expansión dentro de un ciclo estructural del precio su significado es más de indecisión o parada técnica y no significa tanto reversión.

Ejemplo:

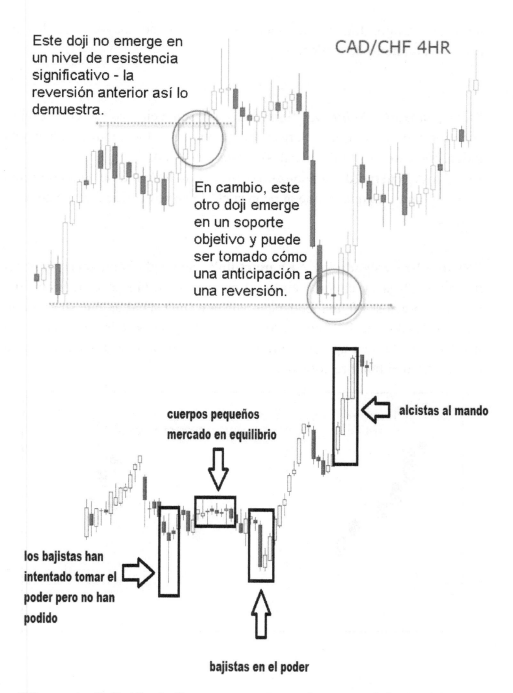

Este doji no emerge en un nivel de resistencia significativo - la reversión anterior así lo demuestra.

CAD/CHF 4HR

En cambio, este otro doji emerge en un soporte objetivo y puede ser tomado cómo una anticipación a una reversión.

alcistas al mando

cuerpos pequeños
mercado en equilibrio

los bajistas han intentado tomar el poder pero no han podido

bajistas en el poder

"Una estrella" (*Star*) Cuerpo pequeño, vela corta, deje un hueco por encima o por debajo de una vela larga del día anterior, el color del cuerpo no es relevante. Indica de incertidumbre, en su mayoría de los de inversión (cambio de tendencia).

"Las peonzas" (*Spinning Tops* o *Koma*) son velas cortas con sombra superior y/o inferior más larga que el cuerpo. La peonza indica una indecisión entre los toros (alcistas) y osos (bajistas).

El color del cuerpo de la peonza, además de la longitud de su sombra, no es importante. Lo que define la peonza es el pequeño cuerpo respecto a las sombras.

"El hombre colgado" y **"El martillo"**. Son velas con unas sombras inferiores largas y cuerpos cortos. Los cuerpos están en el máximo del rango de precios. En una tendencia bajista es una señal de que su dominio en el mercado está llegando a su fin, en este caso la vela se le llama "el martillo". Si la vela aparece durante una tendencia alcista, esto indica su posible final el hombre colgado.

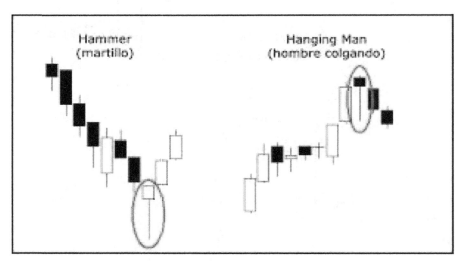

OTRAS CONSIDERACIONES GENERALES

Y ahora… ¿Qué?

No estás sólo. Intentaré ayudarte con ese propósito en siguientes títulos que saque al mercado profundizando un poco más en la materia con estrategias de trading avanzadas y otros conceptos. De **momento te animo a visitar mi pagina** www.forexalalcancedetodos.com **donde encontrarás estrategias, videos, artículos, sistemas y un sinfín de recursos interesantes, muy útiles y además gratuitos para continuar tu formación.**

Evidentemente el asimilar información teórica acerca del trading es la base necesaria que debes cubrir para manejarte en los mercados y poder analizarlos correctamente, sin embargo el estudio solo te dará más conocimiento y ser trader es una labor de desempeño practico, es una labor ejecutiva, por tanto el siguiente paso es poner en practico todo lo aprendido ejercitando en los mercados.

En este volumen hemos tocado la parte teórica más básica de la formación de las velas japonesas. (básica y sencilla pero suficiente) Es posible que dado la multitud de patrones e información sobre velas que hay en la red puedas llegar a considerar este manual insuficiente, pero déjame aclararte que puedes confiar en mi experiencia; créeme que he intentado facilitarte un poco las cosas, dado que para manejarte en los mercados no necesitas saber 227 patrones de formación y unos pocos mas, ya que no siempre tener mucha información es mejor formación (acabarás saturado de tanto nombre y conseguirás no dominar ninguna o lo que es peor confundirlas entre sí) durante mis años de desempeño he de decirte que con estos pocos patrones obtienes más del 85% de las entradas correctas en los giros y reversas del precio, al igual que en los patrones de continuidad y/o rotura y que eso es lo que haga la diferencia en tu trading y no aprenderte 200 nombres de velas japonesas, Creeme si te digo que si a un hammer le llamaras "chupachus" el efecto sobre el mercado seria el mismo.Por tanto   lo que te interesa ralmente es conocer el concepto subyacente a la formación de los patrones de las velas japonesas y eso es lo que hemos intentado explicar en este libro.

No obstante tu labor como aprendiz de trader no se termina aquí. Los mejores traders siempre están actualizando sus conocimientos. Por tanto si quieres estar a al vanguardia de los cambios en los mercados y sacarles rendimiento , si quieres ser competente y competitivo en tu trabajo como trader siempre tendrás que seguir actualizando tus cocimientos, profundizar en las materias y aprender técnicas de trading avanzado que mejoraran tu operativa y te convertirán en un trader profesional y , por supuesto mantenerte a un paso de las actualizaciones del mercado, tanto en teoría con en la aplicación operativa, pues aunque el mercado se comportará como lo hizo durante siglos(dado que la base especulativa y emocional existente detrás es la misma), la integración de las metodologías informatizadas en los mercados hará que su operatividad vaya variando y tendrás que actualizar tus conocimiento acerca de ellas para operar con competencia y no acabar siendo presa de los más preparados y borrado del mercado.

No obstante dado que ahora debemos asimilar estos conocimientos y ponerlos en práctica de manera guiada, te invito a que solicites ya el siguiente volumen de esta serie antes de que se agote y des un paso más en tu formación, adquiriendo el **"MANUAL PRACTICO DE FOREX"** de la serie "Forex al alcance de Todos"- Volumen III.

Este es un libro de concepción eminentemente práctica en el cual aprenderás a desarrollar tu habilidad y destreza como TRADER.

Desarrollarás la práctica guiada en FOREX a través del estudio de esquemas en los precios, realización de ejercicios prácticos, ejercicios de análisis técnico, realización de test de conocimientos teóricos, tutoriales rápidos para entender el funcionamiento de las plataformas más utilizadas, etc.

Es sin duda, a día de hoy, el MANUAL PRÁCTICO MAS COMPLETO que existe de FOREX en el mercado y te permitirá asimilar y adquirir las destrezas necesarias que te convertirán en un EXCELENTE ANALISTA TÉCNICO Y UN MAGNÍFICO TRADER operador de los mercados.

Sin duda un título imprescindible en tu biblioteca al éxito.

POR SI TE INTERESA SEGUIR APRENDIENDO

CURSO INDIVIDUAL TUTORIZADO DE FOREX PROFESIONAL DE
ISABEL NOGALES al 50% de su valor

Un Año más nuestra fundadora ISABEL NOGALES facilita el acceso a cursos de calidad BECANDO EN MÁS DE UN 50% el valor de sus clases tutorizadas . Aprovecha esta oportunidad de realizar el **CURSO INDIVIDUAL TUTORIZADO DE FOREX PROFESIONAL DE ISABEL NOGALES a menos de la mitad de su precio habitual** (El valor del servicio de mentorías y entrenamiento 1&1 de Isabel Nogales tiene un costo habitual de 2.500€ como puedes ver aqui. matricúlate ahora y obtendrás tu curso por sólo 1200€(unidades limitadas) **Gracias a ello podrás así acceder a** formación extensa de primera calidad que te capacite para ejercer como lo hacen los profesionales en los mercados financieros pero sin la necesidad de utilizar herramientas costosas y no perderse en el mar de información inútil que hay por Internet.
.

En **FOREX AL ALCANCE DE TODOS** este es exactamente nuestro objetivo, acercar a todo el mundo los mercados así pues nos congratulamos de poder ir un paso más allá en la enseñanza de forex, creando este CURSO INDIVIDUAL, que marcará la diferencia en tu FORMACIÓN COMO TRADER y en TU CAMINO AL ÉXITO como operador en los Mercados Financieros .

Formarse adecuadamente es indispensable para empezar con buen pie y si se realiza de la mano de auténticos profesionales del sector es todo un privilegio que no suele estar al alcance de todos.

¿Qué aporta el curso?

• Estructurar de manera correcta el mercado y localizar las zonas de alta probabilidad

• Cómo detectar las compras y ventas mediante el desequilibrio de la oferta y la demanda

• Detectar rápidamente la tendencia y la fortaleza de los precios.

• Aprender cómo y por qué se mueven los precios

• Una manera sencilla y práctica de leer las fluctuaciones de los precios

• La posibilidad de detectar las intenciones de los profesionales

• Ajustar zonas y posicionarnos siempre a favor del dinero inteligente

• Detectar las trampas del mercado

• Dónde entrar, dónde salir, dónde situar los stops

• Creación de un plan de trading

• Un marco de referencia completo para desarrollar las habilidades como trader

• Un método ganador

Pincha AQUI para ver el índice completo y metodología del curso

Metodología:

- Plan de formación con una carga lectiva estimada de 70 horas:(30 horas tutorizadas + material didáctico + esquemas y cuadernos de trabajo+ sesiones individuales +.ejercicios prácticos progresivos.

- La metodología de estudio se realiza a través de tutorías personalizadas totalmente interactivas en formato de clases particulares mediante videoconferencia (OJO: No son videos pregrabados sino clases interactivas con   trader Isabel Nogales y en cuentas reales en el mercado en tiempo real)

- Material lectivo:

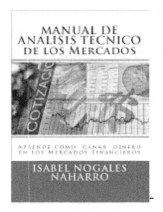

"Curso completo TODO SOBRE FOREX: Teoria y Práctica" Autor Isabel Nogales. Incluye Manual práctico de Forex profesional. (>de 900 pg. en total)

"Manual de Análisis Técnico" (> de 250 páginas)

- **"Manual de Velas Japonesas"(** > de 160 páginas)

- Ejercicios prácticos progresivos.

- Desarrollar una visión propia.

- **Esquemas y resúmenes** continuos para memorizar siempre los aspectos clave.

- Una vez finalizado el curso el alumno recibirá un diploma acreditativo del aprovechamiento del mismo

Contenido del curso

- Introducción a los mercados financieros y al mundo del trading
- Los principios sobre los que se sustenta el método
- La acción del precio
- Operar impulsos e identificar retrocesos
- El volumen, la llave de la verdad
- El Money Management y la gestión activa de las operaciones
- Conocernos a nosotros mismos, psicotrading
- Potenciar el núcleo de la operativa

Seguimiento posterior y tutorización del alumno:

Una vez finalizado el curso, se pondrá a disposición del alumno:

- Correo electrónico privado habilitado especialmente para las dudas de los interesados y el envío de gráficos y esquemas educativos
- Skype personal para compartir pantalla y preguntas
- Teléfono personal para consultar cualquier cosa en un momento
- determinado

*La duración de este servicio es de tres meses.

Encontrarás más información en

https://forexalalcancedetodos.blogspot.com.es/2017/01/curso-individual-tutorizado-de-forex.html

Made in United States
Orlando, FL
09 February 2025

58321057R00092